母艦を飛び立つ日本軍の攻撃機

「9軍神」となった
特殊潜航艇の乗組員

炎上する真珠湾

一九四一年十二月八日

山本五十六大将

午前7時53分、トラ・トラ・トラ

日本軍の第1次攻撃で爆発、炎上する真珠湾内フォード島泊地の米戦艦群。

呆然と「アリゾナ」の爆発を見守るフォード島基地の水兵たち。基地のカタリナ水上機も焼けただれている。

炎上する「ウェストバージニア」（手前左）と「テネシー」

断末魔の戦艦「アリゾナ」

日本軍機の攻撃で炎上、黒煙を吹き上げる戦艦「カリフォルニア」

真珠湾攻撃80年目の真相

我、奇襲ニ成功セリ

平塚柾緒

ビジネス社

真珠湾攻撃80年目の真相　我、奇襲ニ成功セリ　目次

第1章　太平洋戦争開戦への道

合衆国艦隊のハワイ進出……16
選ばれた秘密諜報要員……23
「バスに乗り遅れるな」……29
陸軍に倒された米内内閣……37
難産だった日独伊三国同盟締結……42
暗躍する松岡外相……47
アメリカに口実を与えた北部仏印進駐……52
日本の外交暗号解読に成功した米情報部……57

第2章 真珠湾奇襲攻撃構想

航空攻撃の芽生え……70
明かされた大胆な奇襲攻撃案……76
真珠湾攻撃、源田案と大西案……80
第一航空艦隊の誕生……87
アメリカに漏れた真珠湾奇襲構想……91
ハワイに潜入したスパイ森村正……94
「日米諒解案」と野村外交……103
対ソ参戦論と南部仏印進駐……108

第3章 真珠湾攻撃は投機的か

軍令部と連合艦隊の対立……118
図上演習で敗れた真珠湾奇襲……122

連合艦隊内の内紛……128
ハワイの日本総領事館電を放置した米暗号解読班……134
山本の恫喝で決まった真珠湾奇襲攻撃作戦……138
日本に迫るＡＢＣＤ包囲陣……146
連合艦隊、追い込みの猛訓練……149
浅海面魚雷の開発と雷撃訓練……158

第4章 南雲機動部隊出撃す

深夜におよんだ「開戦か和平か」……164
ついに出た出撃命令……171
出撃一番手の潜水部隊……181
ホノルルの秘密情報員……186
新高山登レ一二〇八……190

第5章 全軍突撃セヨ

攻撃隊全機発艦す …… 198
真珠湾に突入した特殊潜航艇 …… 206
「トラ・トラ・トラ」我奇襲ニ成功セリ …… 209
修羅場と化した真珠湾・攻撃隊員の証言 …… 213
「コレハ演習デハナイ！」 …… 224
大混乱の米太平洋艦隊 …… 231
戦場に飛び込んだ第二次攻撃隊 …… 236

第6章 さまざまな終章

遅れた「最後通告」 …… 256
壊滅的打撃の米軍陸上基地 …… 265
海と陸の孤独な戦い …… 273

米本土に抑留された総領事館員……280
あとがき……287

第1章

太平洋戦争開戦への道

合衆国艦隊のハワイ進出

昭和十五年（一九四〇年）五月、東京の日比谷公園と隣り合う東京・霞が関の赤レンガ造り三階建ての海軍省ビル（現農林水産省のある場所）は、さわやかな新緑の風に撫《な》でられていた。その赤レンガの建物の正面玄関を入り、御影石《みかげいし》の階段を登ると吹き抜けの石畳が広がる。海軍省のフロアだ。さらに大階段を登って三階に上がると、日本海軍の用兵の中枢である軍令部のフロアになる。

軍令部は四部門からなっていて、第一部が作戦担当で、第二部が軍備・警備、第三部が情報、第四部が通信・暗号の担当となっていた。これら四部は三階に部屋を連ねており、正面玄関に向かって一番右端に位置するのが日本海軍の情報・諜報《ちょうほう》を一手にさばく第三部（第三班ともいった）であった。

この第三部は第五、第六、第七、第八の四課からなっていて、大小四つの部屋を使っていた。三つある小部屋のうち部長が一部屋を使い、残る二つには米州担当の第五課と中国・満州担当の第六課が入っていた。そしてソ連・中近東・ドイツ・フランス・イタリアなどを担当する第七課と、イギリス・オランダ・ポルトガルの本国並びにその植民地（属領）、仏領インドシナなどを担当する第八課が大部屋に同居していた。

海軍のエリート集団でもある正規の軍令部員は、全員が参謀肩章《けんしょう》を吊《つ》っていた。俗に「縄《なわ》」とも呼ばれており、右肩から胸の中央に何本もぶら下がる金色の飾りのことだ。第三部の一つの課は、そうした縄を吊った主務者は課長の大佐を筆頭に、少佐や中佐の課員が二、三人おり、縄を吊らない補助者（他のセクションからの出仕者）の大尉が一人か二人いた。しかし、これら正規の軍人たちは、軍隊の悪弊《あくへい》で型どおりの実戦経験を積まないと出世できなかったから、たいていは二、三年で「栄転」という名目で海上に転勤していく。そのため各課本来の仕事は、私服を着た嘱託の課員たちが行うことが多かった。

帝国海軍の情報・諜報の総本部、平たくいえばスパイ大作戦を指揮する大元締めにしてはなんとも寂しく、お粗末この上もない。それでも平時ならたいした不自由も起こらないが、前年の昭和十四年（一九三九年）七月二十六日に、アメリカは明治四十四年（一九一一年）に締結された日米通商航海条約の破棄を通告してきて、六カ月後の昭和十五年一月二十六日に失効するという厳しい情勢にあるいま、本来なら情報部の拡充がなによりも優先されなければならなかったのだ。しかし、伝統的に情報部門を軽視してきた日本の陸海軍には、本気で情報部門を充実させようという気はなかった。

ましてやこの年、昭和十五年は日華事変（日中戦争）は三年目に入り、加えてヨーロッパではナチス軍が日に日に戦火を拡大し、四月にはノルウェー、デンマークに侵入、さらにオランダ、ベルギー、ルクセンブルクにも侵攻しようとしている。日本では陸軍を中心にそのドイツと同盟を結ぼうという動きが再燃しており、ドイツと戦っているイギリスを支援するアメリカは、そんな日本を牽制《けんせい》するかのように合衆国艦隊を米西海岸からハワイに進出させてきた。

昭和十五年三月三十一日、米海軍省は「合衆国艦隊の春季演習はハワイ水域で実施する」と発表、四月二日、参加艦船はサンディエゴ港をはじめとする米西海岸の根拠地を出航した。そしてハワイ北方海域で大々的な艦隊演習を繰り広げた。

艦隊は、当初の予定では五月九日にハワイを発ち、西海岸に帰港することになっていた。ところが演習が終わった五月七日夜、米海軍作戦部長のハロルド・R・スターク海軍大将は記者会見を行い、「合衆国艦隊主力は当分の間ハワイ水域に残留する」と発表した。

日本の軍令部にはただちにワシントンの駐米大使館付海軍武官の小川貫璽《おがわかんじ》大佐から情報が送られてきたが、日本の新聞も五月九日付夕刊のトップで大々的に報じた。その見出しには「明かに対日牽制《けんせい》」といった文字も見えた。海軍省ビルの三階は衝撃につつまれた。軍令部員たちは奪い合うようにして夕刊に見入った。

朝日新聞「ワシントン特電七日発」は、こんなふうに書いていた。

「米海軍省は七日夜声明を発し、米艦隊のハワイ方面無期限滞留の風説を裏書きし、その理由として先日の大演習は終了したが、今後小規模の演習を行うはずであり、その他には滞留の意義はないと弁明したが、本当の理由は支那《しな》事変が容易に終息せず、日米関係が引き続き険悪状態を呈し、さらに蘭領印度《らんりょういんど》問題も起こり、さらに極東に対する英仏側の海軍力が希薄になったこともあるので、米国は日本を威圧するために太平洋の艦隊を根拠地サンディエゴから二千マイル先の、すなわち極東に二千マイル接近するハワイ方面に当分残留することとなったものであるといわれている」

さらにワシントン特電は続けている。

「米海軍の艦隊が当分ホノルルに居座るとの報知はセンセーションを起こしたが、過般の演習には戦闘艦十一隻を含む大小艦艇九十隻が参加し、最初の予定では九日に抜錨《ばつびょう》して太平洋岸に帰還するはずであったが、急に模様がえになったので全部帰還を見合わせることになったものである。

なおホノルル方面に無期限に滞留する艦隊には航空母艦ヨークタウン、サラトガ、レキシントンが含まれ、太平洋岸で目下修理中の航空母艦インタープライズも近くホノルルに向かうと伝えられる」

この合衆国艦隊の真珠湾駐留は、司令長官のジェームズ・O・リチャードソン大将にはなんの事前連絡もなく、文字どおり寝耳に水の出来事だった。リチャードソン長官は五月七日に、スターク海軍作戦部長からいきなり「別に指示するまで艦隊はパール・ハーバーを基地として、そこに駐留せよ」と命じられたのである。

当然のことながら、リチャードソン長官は聞いた。

「どうしてわが艦隊はここにいなければならないのか?」

スターク作戦部長はリチャードソン長官に手紙(五月二十七日付)で返答した。その内容は「貴艦隊がそこにいるのは、日本に睨《にら》みを利《き》かすためだ」というもので、日本の新聞報道の論調を裏付けるものだった。

しかし、リチャードソン長官には、そんな抽象的な理由で艦隊を真珠湾などにとどめておくことはできなかった。真珠湾は米本土から離れ過ぎているため補給が大変なことと、保安上にも問題があることなどから、米艦隊の指揮官たちには評判のいい泊地ではなかったからだ。真珠湾が正式に米海軍の基地になったのは、大正八年(一九一九年)八月二十一日である。それから二十年近くも経《た》っているのに、真珠湾が一度も米艦隊の根拠地にされたことがないのも、同じ理由からだった。

真珠湾は海峡になっている出入り口が一カ所しかなく、しかも浅い。もし敵がその海峡に潜水艦を一隻でも自沈させれば、湾は簡単に封鎖されてしまう。仮に封鎖されなくても、艦隊が外洋に出撃する場合、最低でも三時間はかかる。さらに真珠湾では艦船が密集しており、湾の周囲には燃料タンク群や艦船の修理施設が軒を連ねている。すなわち真珠湾は、敵にとって空

開戦直前の空から見た真珠湾。湾内への出入り口は左方に見える航路だけである。

からの攻撃にはまことに魅惑的な目標なのである。

リチャードソン長官はその後も、真珠湾はハワイ近海で作戦する艦船への補給と修理、乗組員の休養地として使うべきで、永久に駐屯する根拠地にすべきではない、艦隊は米本土西海岸に引き揚げるべきだと抗議を続けた。十月八日のホワイトハウスでの昼食会の際には、直接ルーズベルト大統領に反対意見も述べた。

だが、大統領の答えも「太平洋の真ん中に艦隊を駐留させておくことは、極東方面で日本の侵略を抑制するのに役立つからだ」と、スターク作戦部長の回答と大同小異の、説得力に乏しい内容だった。もちろん、こんな説明でリチャードソンが納得するはずはなかったが、年が変わった昭和十六年（一九四一年）一月、彼は突然司令長官を解任され、後任にはハズバンド・E・キンメル大将が任命される。そして翌二月、米本土東海岸を根拠地にしていた大西洋戦隊は大西洋艦隊となり、ハワイの真珠湾を基地にしている合衆国艦隊は太平洋艦隊に、トーマス・C・ハート大将率いる極東の小艦隊はアジア艦隊と呼称することになり、それぞれが独立した艦隊になる。

しかし、このリチャードソン長官の解任騒動と艦隊の再編劇は、もう少し先のことである。時計は再び昭和十五年、一九四〇年に戻さなければならない。

その昭和十五年五月六日付で第五課長に就《つ》いたばかりの山口文次郎《やまぐちぶんじろう》大佐は、「米艦隊ハワイ駐留！」を報じる夕刊を前に、「これは、まずい」と思った。

主にヨーロッパを担当する七課、八課も相当な情報不足ではあったが、盟邦ドイツとイタリアの協力もあり、最低の情報を手にする手段は保たれている。しかし、アメリカ担当の五課の情報収集の現状は惨憺《さんたん》たるものだった。米本土で活躍していた情報員たちはほとんどがFBIや米軍諜報機関に動きを封じられつつある。ましてやハワイ情報となると、ホノルル総領事館からの外交情報ぐらいしかない。これでは米艦隊の動向を探るどころか、艦船数さえつかむことができない……。

山口大佐の苦渋は、ワシントンの小川大佐の苦渋でもあったはずだ。山口は小川より海兵で二期後輩（45期）だが、二人はよく似た経歴をたどっていた。小川は駐米海軍武官補佐官や軍令部第三部第五課長（アメリカ担当）を経て駐米海軍武官になっていたが、山口も小川の後を追うように駐米海軍武官補佐官を経て第五課長になっている。いってみれば、二人とも対アメリカ担当諜報のエキスパートだった。そしてこのとき、山口は軍令部情報班のアメリカ担当の責任者であり、小川はアメリカ駐在諜報員の責任者（武官）だった。

二人の間でハワイの情報・課報網確立が緊急課題になったことは間違いない。すなわち、海軍と艦艇の専門知識を持った者を現地ハワイに潜入させる必要があるということで話がまとまり、軍令部第三部はただちに人選に入ったのだった。

選ばれた秘密諜報要員

軍令部第三部第八課に吉川猛夫《よしかわたけお》という私服の課員がいた。すでに第八課に勤務して五年近くたっていたからベテランではあったが、当然ながら情報部の仕事としては雑役に近いものを担当していた。主な仕事は太平洋地域から東南アジア一帯にかけての兵要地誌や兵要地図の編集事務と、イギリス艦隊の動静調査資料の保管などだった。

米艦隊のハワイ常駐騒動もようやく鎮《しず》まった昭和十五年五月も半ばのことだった、吉川は第八課長の堀内茂忠《ほりうちしげただ》大佐に呼ばれた。

「吉川君、五課長が話があるそうだ、ちょっと行って来い」

五課長がいったいなんの用だろう？　吉川は首をひねりながら五課の扉を押し、課長の山口文次郎大佐の前に立った。

「吉川、参りました」

私服ながら、吉川は自然と軍人口調になっていた。それもそのはずで、吉川はまだ二十八歳の若さながら、海軍兵学校卒業の予備役少尉だったからである。

愛媛県松山市に生まれた吉川は、昭和五年に海軍兵学校に合格し、海軍士官の道を歩みはじめた。同期生で四国から合格したのは彼一人というエリートだった。そして無事海兵を卒業した吉川は、昭和九年、憧れの遠洋航海に出たが、途中で盲腸炎を起こし、艦内で軍医の手術を受けた。手術はうまくいき、帰国後の昭和九年八月、少尉に任官して潜水隊旗艦の巡洋艦「由良」に配属された。仕事は暗号士見習いだった。その後、横須賀水雷学校に入って術科講習を修め、さらに霞ヶ浦の飛行練習隊に入ったとき、先の手術の術後が悪かったらしく、東京・築地の海軍病院に入院した。

病院は間もなく退院させられたが、いぜんとして体調は思わしくなく、二年間の自宅療養を余儀なくされていた。そして体調も元に復した吉川は、一日も早い部隊復帰を望んでいた。しかし、海軍からの連絡はない。吉川は松山の実家で悶々《もんもん》とした日々を送っていた。

そんな吉川に、軍令部から出頭命令が届いた。吉川は希望に胸をふくらませて上京した。そして軍令部に出頭した吉川は、その場で予備役編入、即日軍令部嘱託、軍令部第三部に勤務せよという命令を受けたのだった。配属先は第八課で、イギリスやオランダなどアジアに多くの植民地を持つ国々の軍事情報の収集・分析機関だった。これが吉川をハワイの真珠湾へと結びつける運命の糸の端緒になろうとは、そのときの彼には予想もできないことだった。

そして五年の歳月が流れた。吉川が戦後に著した自伝『東の風、雨―真珠湾スパイの回想』（講談社刊）によれば、第五課長に呼ばれた吉川は、次のように切り出されたという。

机の前に立った吉川に、山口大佐は素早く視線を走らせた。大佐は五月六日に第八課長に就任したばかりだったから、吉川と個人的面識はまったくなかった。

「ああ吉川君か、キミにハワイに行ってもらいたいのだが、どうかね」

吉川には、藪《やぶ》から棒に「ハワイに行け」とはなんのことか、咄嗟《とっさ》には理解できなかった。なにかクーリエ（伝書使）のような仕事で、ハワイに行って来るくらいに思った。

「はあ、行きますが……」

「そうか、行ってくれるか。じゃ、これからアメリカの艦船について勉強してくれたまえ。そのうち外務省にも連絡しておくから。それから、このことは誰にも言わんでくれたまえ、親や兄弟にもな」

「はあ、承知しました」

「ところで君は、家族の方には心配はないかね」

「はあ、ありません」

「うん、よし」

吉川は山口大佐に一礼して第八課の部屋に戻った。そして山口大佐から命じられたハワイ行きの任務が単なる伝書使ではなく、もっと重大な任務らしいことは分かったが、まさかスパイとして派遣されるとは思いもおよばなかった。

数日後、吉川は再び山口大佐に呼ばれた。自伝を参考に再構成すると、大佐とのやりとりは次のようであった。

「これから外務省に出頭して、指示を受けてくれたまえ」

山口大佐はそういうと、声をひそめて語を継いだ。

「吉川君、キミにホノルル総領事館員なってもらい、しばらくあそこに滞在してもらいたいんだ。その手続きは外務省の方でしてくれるから、指示どおりに動いてくれ。端的にいえば、キミに偽《にせ》の外務省員になってもらうことで話がついているから、身分の保証は問題ない。キミも知ってのとおり、現在、日米関係はまことに険悪で、あまつさえ、わが軍令部が派遣している〝語学将校〟がアメリカの西海岸で捕まったりした矢先でもあり、米海軍や真珠湾の動静が十分に分からないんだ。キミには、それをやってもらいたいのだ……」

山口大佐の口調は穏やかだが、話の内容は全身が悪寒につつまれるような衝撃的なものだった。諜報員、すなわち日本海軍のスパイになれと、はっきりと命令されているのだ。吉川は首をうなだれ、じっと大佐の話に聞き入った。

「そこで、もしキミがＦＢＩに捕まるようなことにでもなれば、日米間は大変なことになるし、キミ自身もどうなるか保証はできない。とにかく十分に気をつけてもらいたい。また、外務省でもキミの身分については一、二の人しか知らないから、言動にはくれぐれも気をつけてトラブルを起こさないようにしてくれたまえ。実際、外務省がキミの受け入れをなかなかウンといわなくて弱っていたんだ。ともかく敵を欺《あざむ》くには、まず仲間から欺けということがある。注意してやってくれ」

山口大佐はここで一呼吸をおき、急に思いついたとでもいうように、付け加えた。

「ああ、それから髪を伸ばしたまえ」

そういうと、大佐は「一《いち》、二《にー》、三《さん》……」と右手の指を折って数えながら、

「うん、今年の末ごろまでには生《は》え揃《そろ》うだろう」

と、吉川を見上げながらニヤリと笑った。

午前中は外務省に行き、午後は軍令部に戻ってアメリカの軍事調査という吉川の二重勤務が始まった。外務省ではアメリカ局の調査部勤務ということになった。書記生試験には合格した

ことにされ、外務省の職員録にも「森村正《もりむらただし》」として正式に登録された。森村正はもちろん偽名であるが、「アメリカ人やイギリス人に発音しにくい名前がいい」という局長の発案だった。軍事課報員・森村正の誕生だった。

吉川の対米軍事調査が開始された。軍令部のスチール製書庫には、日露戦争後の仮想敵国アメリカに関する各種データや研究レポートがぎっしり詰まっていた。また、ワシントン駐在の海軍武官室が毎年入手して送ってくる大統領教書、海軍予算書、海軍士官名簿などの他に、『ネイバル・インスティテューション』『ネイバル・レビュー』『ネイバル・ステーション』といった公刊書や軍事専門誌もあり、艦隊編制はもちろん主要指揮官、人員配置、建造中の艦船の進《しん》捗《ちょく》状況などもかなり詳細に知ることができる。

当時の米艦隊は合衆国艦隊とアジア艦隊に区分されていた。主力は合衆国艦隊で、サンディエゴなど西海岸の軍港を根拠地にしていた。第二次世界大戦が勃発してからは、このうちの一部兵力を大西洋戦隊として東海岸に派遣していた。この合衆国艦隊がハワイの真珠湾を根拠地とする太平洋艦隊と大西洋艦隊に分けられるのは、前記したように昭和十六年二月初めである。

フィリピンのマニラを本拠地にするアジア艦隊は、これよりはるかに小所帯だった。中国の芝罘《チーフー》を根拠地とする駆逐艦中心の哨戒《しょうかい》部隊、上海を根拠地とする揚子江砲艦部隊（日本軍が砲撃して大事件になった「パネー」号はこの部隊所属）などを含めても重巡一隻、軽巡一隻、第一次世界大戦に使った四本煙突の駆逐艦十三隻、それに潜水艦二十九隻のミニ艦隊であった。

軍令部第五課にはこれら米艦隊に関する資料のほか、真珠湾の防備状況についてもかなりの資料があったし、ハワイ群島をはじめ、北はアリューシャン列島から南はグアム島、フィリピン、アメリカ本土西海岸の各港湾都市などの兵要地誌も揃っていた。吉川はこれらの機密資料を片っ端から読みあさった。同時にアメリカ海軍艦艇の艦種と艦型を一目で見分けられるよう努力を重ねた。これには毎年ロンドンで発行される『ジェーン年鑑』の「ファイティングシップス」という本が大いに役に立った。おかげで米艦隊の主力艦はそのシルエットの特徴から砲装、速力、航続力、さらには姉妹艦との識別、行動範囲などを頭にたたき込むことができた。

「バスに乗り遅れるな」

吉川猛夫予備少尉が「スパイ森村正」になるための猛勉強をしているとき、すでに日本の政治を牛耳《ぎゅうじ》っていた軍部は、急ピッチで戦争への道を駆け上がろうとしていた。

米内光政《よないみつまさ》海相のもとで海軍次官を務めていた山本五十六《やまもといそろく》海軍中将が、吉田善吾《よしだぜんご》中将に代わって連合艦隊司令長官に就任したのは昭和十四年八月三十日であったから、すでに一年近くが経《た》っていた。この日、近衛《このえ》内閣に代わって一月五日に登場したばかりの平沼騏一郎《ひらぬまきいちろう》内閣が「欧州の天地は複雑怪奇なる新情勢を生じた」という〝名言〟を残して倒れ、阿部信行《あべのぶゆき》陸軍大将を首班とする新内閣が誕生した。平沼内閣は中国との和平を探る汪兆銘《おうちょうめい》（汪精衛）工作の失敗や日独伊防共協定をさらに強化する日独伊三国同盟締結問題、加えてドイツがソ連と不可侵条約を結ぶなど内外が激動する中、吉田中将がこの阿部内閣の海軍大臣に就《つ》いたため、山本五十六が後任の連合艦隊司令長官の椅子に座ったのである。そして偶然ではあったが、ヒトラーのナチス・ドイツ軍が大挙してポーランド侵攻を開始し、第二次世界大戦の幕を切って落としたのは、その翌々日、九月一日であった。

日本を取り巻く国際情勢も急速に険悪化していた。モンゴルのハルハ河一帯でソ蒙軍と軍事対決している関東軍の「ノモンハン事件」は敗色が濃厚なうえ、すでにこの年の七月二十六日、アメリカは日本の中国侵攻が長期化していることから対日経済制裁を発動し、日米通商航海条約の破棄（昭和十五年一月二十六日発効）を通告してきていた。鉄鋼をはじめ多くの必需物資をアメリカからの輸入に頼っている日本には大打撃である。ことに石油はその七〇パーセント近くをアメリカに依存していたから、通商条約の破棄は日本にとっては死活問題だった。日本はアメリカに代わる資源供給国（地域）を早急に獲得する必要に迫られたのである。

すでに日本の国内経済は日華事変によって圧迫され、消費物資の不足と物価高騰を招いていた。そして旱魃《かんばつ》が追い打ちをかけ、米不足からヤミ米の値段は上がり、政府の公定米価も引き上げられた。国民は長期化する戦争と、政府の無為無策に対する不満を次第に表面化させている。

政府を軍部に握られた政党政治家たちは、この国民の不満に乗じて内閣打倒を画策しはじめた。十二月二十六日に開会した第七十五議会で衆議院議員二百四十余名が阿部内閣の総辞職を要求し、翌昭和十五年一月七日には二百七十六名の代議士が内閣不信任案賛成署名を発表して政府にゆさぶりをかけた。阿部内閣は風前の灯《ともしび》であった。

首相の阿部大将は衆議院解散で危機を乗り切ろうとしたが、軍部もすでに阿部内閣に見切りをつけ、総辞職を迫っていた。軍部にしても、もしここで衆議院解散・総選挙ということになれば、国民の反戦気運と軍部批判が一挙に表面化しかねない不安があったからである。

一月十四日、阿部内閣はわずか四カ月半で総辞職し、山本五十六中将たちとともに日独伊三国同盟締結阻止に体を張ってきた米内光政海軍大将に組閣の大命が下った。だが、この米内内閣も長続きはしない。米内と対立する陸軍を中心とした三国同盟締結推進派が急に勢いを盛り返してきたのだ。それは、ヨーロッパ戦線でのドイツ軍の快進撃に原因があった。

ドイツのポーランド侵攻で始まった第二次世界大戦は、一時膠着《こうちゃく》状態にあったが、一九四〇年四月九日、ナチス・ドイツは電撃的に中立国のノルウェー、デンマークを侵攻し、五月に入るやオランダ、ルクセンブルク、ベルギーへと兵を進め、五月末には三十万のイギリス軍をヨーロッパ大陸から駆逐してしまった。そして六月十日にはイタリアが英仏に宣戦を布告し、ド

ポーランド侵攻を開始したナチス・ドイツ軍。まず東部国境で行動を起こした戦車隊と機械化部隊。

イツは六月十四日にパリを占領してフランスが降伏する。ドイツの欧州統一の野望達成で残されたのはイギリスだけとなった。そのイギリスの戦争態勢は不十分で、ドイツの英本土上陸は時間の問題と見られていた。日本の新聞は連日ドイツの進撃ぶりを報道し、国民も、そして政治家、軍部も興奮に沸きかえっていた。

日独伊三国同盟推進の枢軸派《すうじくは》はにわかに活気づいた。この際、本国がドイツに占領された仏印《ふついん》（フランス領インドシナ。現在のベトナム、カンボジア、ラオス）と蘭印《らんいん》（オランダ領東インド。現在のインドネシア）を日本の勢力下におく絶好の機会だというのだ。ことに石油をはじめ錫《すず》、ゴムといった天然資源の宝庫である蘭印を手に入れれば、アメリカの経済制裁に立ち向かうことができるという。そのはしゃぎようは、まさに当時の流行語とさえ言われた「バスに乗り遅れるな」そのものだった。

実際、海軍はドイツ軍がオランダに侵攻した翌日の五月十一日、その威力を誇示するために第四艦隊に蘭印方面出動準備を内示し、艦隊はオランダがドイツに降伏した五月十四日、南洋群島のパラオ泊地に向かって出航している。同時に軍令部は蘭印占領の場合の対米持久作戦を想定した図上演習を開始した。十一日に始められた図演《ずえん》は、二十一日までの十日間にわたる本格的なものだった。

陸軍も五月十八日の陸軍省と参謀本部の省部《しょうぶ》首脳会議で日華事変の早期解決を目指す「対支処理方策」を決定し、続いて蘭印攻略作戦の研究に着手した。さらにフランスが降伏した翌日の六月十八日には北部仏印への武力進駐論も討議され、二十一日からは陸軍省、参謀本部の課長クラスの実務者たちによって南方武力進出問題の本格的協議を開始した。そして二十二日、陸軍省軍事課は「対南方戦争指導計画案」を参謀本部第二課へ提議する。仏印、タイ、シンガポール、マレー、蘭印を武力制圧しようという案である。

これを受けて五月二十五日、畑俊六《はたしゅんろく》陸相は陸軍省の主要メンバーを集めた席上で「千載一遇《せんざいいちぐう》の好機を迎え、断固第三国に当れ」と省員を鼓舞《こぶ》し、参謀本部は後に基本国策となる「世界情勢ノ推移ニ伴フ時局処理要綱」案をこの日に完成させた。成案は七月三日の陸軍省と参謀本部の首脳会議にかけられる。その主要部分は次のようであった。いささか長文ではあるが、当時の軍部の侵略性が如実に出ているので紹介しよう。原文は片仮名交じりだが、適宜句読点を入れ、平仮名に直して引用する。

世界情勢の推移に伴う時局処理要綱方針

帝国は世界情勢の変局に対処し速やかに支那事変を解決するとともに、特に内外の情勢を改善し、続いて好機を捕捉し対南方問題の解決に努む。支那事変の処理いまだ終らざる場合における対南方施策は内外諸般の情勢を考慮し、これを定む。右両場合に応ずる戦争準備は概《おおむ》ね八月末を目標とし、これを促進す。

要　領

一、支那事変処理に関しては、特に第三国の援蔣《えんしょう》行為を絶滅する等、あらゆる手段を尽して速やかに重慶《じゅうけい》政府の屈伏を策す。

外交に関しては、まず対独ソ施策を重点とし、特に速やかに独伊との政治的結束を強化し対ソ国交の飛躍的調整をはかる。米国に対しては世界情勢の推移に伴う動向に留意し、我より求めて摩擦《まさつ》を多からしむるはこれを避くるも、帝国の必要とする施策遂行に伴う自然的悪化はあえてこれを辞せざるものとす。

1、仏印（広州湾を含む）に対しては援蔣行為を徹底的に遮断せしむるとともに、速やかに我が軍の補給担任、軍隊通過及び飛行場使用などを容認せしむ。情況により武力を行使することあり。

2、香港に対しては、ビルマにおける援蔣ルートの徹底的遮断と相まち、まず速やかにその敵性を芟除《さんじょ》するごとく強力に諸工作を推進す。香港の攻略開始は全般の情勢を考慮し、対英一戦を決意したる後、これを実行す。

3、蘭印に対しては暫《しばら》く外交的措置によりその重要資源確保に努む。

4、南太平洋上における仏領島嶼《とうしょ》は特に国防上の重大性にかんがみ、なし得れば外交的措置（買収等）により、速やかに我が領有に帰するごとく処理す。

5、租界《そかい》に対しては前項諸工作に即応し、敵性の芟除及び交戦国軍隊の撤退をはかるとともに、逐次支那側をしてこれを回収せしむるごとく誘導す。

対英一戦の場合においては、実力を行使して英国租界を回収し、その他の租界に対してはなるべく友好的措置によりこれが回収をはかる。

6、南方におけるその他の諸邦に対しては、努めて友好的措置により我が工作に同調せしむるごとく施策す。

二、対南方武力行使に関しては内外諸般の情勢、なかんずく支那事変処理の情況、欧州情勢及び我が戦争準備等を考慮し、その時期、範囲、方法等を決定すべく、この際極力英国のみにこれを制限し、香港及び英領馬来《マレー》半島を攻略す。対米戦争は努めてこれを避くるごとく施策するも、情況により遂に武力の行使にいたることあるべきを予期し、これが準備に遺憾なきを期す。

蘭領印度に対しては、政治的施策をもって軍要資源の獲得に努むるも、情況により武力を行使し、その目的を達することあり。

三、（略）

七月三日の陸軍省と参謀本部の合同首脳会議は、右の「時局処理要綱」を大本営陸軍部案として正式決定し、翌七月四日、海軍側に提示された。もとより海軍は南進推進論だったから基本的に異存はなく、対南方に対する武力行使をいっそう明確にするかたちで大本営海軍部案をまとめた。そして、この陸軍部案は米内内閣に代わって再度登場する近衛内閣成立直後の七月二十六日、大本営政府連絡会議が決定した「世界情勢ノ推移ニ伴フ時局処理要綱」となる。

こうして、その後の日本がたどった〝戦争への道〟をふり返れば一目瞭然《いちもくりょうぜん》であるが、日本はこの「時局処理要綱」を政戦の基本戦略の第一歩にして、ひたすら破滅への道を突っ走るのである。

平沼、阿部内閣に続いて大戦不介入、三国同盟締結不賛成の方針をとっている米内内閣に対する軍部、とりわけ陸軍の風あたりは急速に強くなった。朝日、毎日、報知などの有力新聞も対独提携強化の枢軸派に同調する記事をこぞって掲げ始めた。そして参謀本部はフィリピン、マレー、蘭印、香港に作戦課員を中心とした調査班を密かに派遣して情報と資料の収集を開始した。日本の内閣はまたもや急進派の軍部とマスコミに無視されはじめ、その余命はいくばくもなくなるのである。

陸軍に倒された米内内閣

陸軍省と参謀本部の合同首脳会議が「時局処理要綱」を大本営陸軍部案として正式決定した翌日の七月四日、参謀本部の中堅将校たちは参謀総長名で次のような要望書を畑陸相に提出した。

「帝国としては一日も速やかに支那事変の解決を喫緊《きつきん》とす。而《しこう》して之《これ》が為には国内態勢の強化を前提とするのみならず、また変転極まりなき国際情勢に対しても積極機敏に処理すること急務なり。然《しか》るに現内閣の施策するところをみるに、消極退嬰《たいえい》にして国軍の士気団結に悪影響を及ぼすの虞《おそ》れ無しとせざるを以《もっ》て、此《こ》の際、挙国強力なる内閣を組織して右顧左眄《うこさべん》することなく、断乎諸政策を実現せしむること肝要なり。右に関し此の際陸軍大臣の善処を切望す」

中堅将校たちの突き上げを受けた畑陸相は、七月八日、武藤章《むとうあきら》軍務局長とともに米内内閣打倒の中心的人物である阿南惟幾《あなみこれちか》陸軍次官に木戸幸一《きどこういち》内大臣を訪ねさせる。その日の日記に木戸内大臣はこう記している。

「阿南次官来訪、左の如き要領の話ありたり。最近四五日の中に政変を見るに至るやも知れず。軍は世界情勢の急激なる変化に対応し万善を期しつつあるところ、米内々閣の性格は独伊との話合ひを為《な》すには極めて不便にして、兎《と》もすれば手遅れとなる虞《おそれ》あり、此の重大時期に対処する為めには内閣の更迭も不得止《やむをえず》との決意をなせる次第なり。而して陸軍は一致して近衛公の出馬を希望す。十日に近衛公帰京の上は陸相会見せらるゝこととなるべく、之を契機として米内首相に重大進言を為すこととなるべし」(『木戸幸一日記』東京大学出版会刊)

重大進言とは首相退陣を迫ることにほかならない。もし米内が退陣を拒否すれば、陸軍は陸相を引き揚げてでも内閣を総辞職に追い込むという脅しの意味も込められている。そもそも阿部内閣が総辞職したとき、陸軍首脳部は畑俊六大将を首班とする内閣の登場を期待していた。ところが意に反して海軍の米内大将に組閣の大命が下ったことで、憤懣《ふんまん》が渦巻いていた。陸軍省の軍務局長だった武藤章少将(のち中将)などは「海軍の陰謀にしてやられた」と地団駄《じだんだ》を踏んでくやしがったという。

米内は手記（『海軍大将米内光政覚書』光人社刊）に記している。

「組閣当日、私にたいする陸軍側の感情は、おだやかでないものがあった。こうした感情は、組閣後もつづいたと思われた」と。

天皇が米内の組閣にあたって畑を呼び、とくに「米内を援《たす》ける事を要望した」のも、こうした陸軍の不穏な空気を察知していたからに違いない。

ともあれ陸軍が仕掛けた政変は急ピッチで進められた。数日後、陸軍は現下の情勢に対する「陸軍の所見」を文書にして米内に突きつけた。陸軍が倒閣に踏み切ったことを米内は覚悟した。七月十六日の朝、米内は畑陸相を官邸に呼んだ。九時過ぎ、辞表を懐《ふところ》にした畑陸相は米内に面会する。そして米内はあっさりと口にした。

「陸軍の時局認識は内閣が考えているところとは、その所見が異なるようだ。もし現内閣におることが都合悪ければ辞めてもらいたい」

畑にすれば米内の言葉は意外であった。なんらかの抵抗か慰留があるものと思っていたからである。畑は辞表を出さざるをえず、その場で提出した。

米内は型通り後任の陸相を出すよう言ったが、陸軍が抵抗するのは分かっていた。畑は夕方までに返事をするといって官邸を出た。もとより陸軍に新陸相を出すつもりはなかった。

軍部大臣現役武官制がある以上、予備役や後備役の将官から後任を選ぶわけにはいかない。

荻外荘で会談をする、左から近衛文麿、松岡洋右、吉田善吾、東條英機の4人。

米内は総辞職の決意を閣僚に伝えるため閣議室への参集を求めた。従来は首相の部屋に一人一人閣僚を呼んで伝えるのが慣例だったが、米内があえて一同を閣議室に集めたのは、陸軍・畑陸相への暗黙の批判であったに違いない。

米内は冒頭、「これは閣議ではない」と前置きし、総辞職の決意を述べた。このとき、『木戸日記』によれば「畑陸相は苦い顔をして居たが、直ちに一場の挨拶を述べたとのことであった」という。

夕刻、米内は葉山に行幸中の天皇に総辞職の経緯と辞表を奉呈するため拝謁《はいえつ》、短い首相の座を降りたのだった。

米内に替わって近衛文麿《ふみまろ》が再び登場した。この陸軍の期待を担《にな》った第二次近衛内閣がスタートしたのは昭和十五年七月二十二日である。その三日前の七月十九日、近衛は陸軍、海軍、外務の各大臣候補である東條英機《とうじょうひでき》陸軍中将、吉田善吾海軍中将、松岡洋右《まつおかようすけ》前参議を東京・荻窪の私邸「荻外荘《てきがいそう》」に招き、俗に荻窪会談と呼ばれる重要会議を開いた。会談では新内閣の基本政策について意見を交換し、対世界政策を確認しあった。その中心となる方針は①日独伊枢軸の強化と、②日ソ不可侵協定を締結（有効期間五年ないし十年）し、期間内に対ソ不敗の準備をする。③東亜及び隣接島嶼《とうしょ》におけるイギリス、フランス、オランダの植民地は積極的処理を行う。④アメリカに対しては無用の衝突は避けるが、東亜新秩序に関しては実力干渉排除の堅持を方針とするというもので、第二次近衛内閣の〝戦争外交〟を決定づけたのである。その担《にな》い手《て》がさまざまな評判をふりまいている松岡洋右《まつおかようすけ》（外相）であった。

満鉄総裁だった松岡は昭和十二年十月十五日に臨時内閣参議官制が公布されたとき、宇垣一成《うがきかずしげ》、荒木貞夫《あらきさだお》、末次信正《すえつぐのぶまさ》など十名の参議官の一人に選ばれたのだが、米内内閣発足直後に内閣参議を辞任し、陸軍に人気の高い近衛のもとに足しげく通い、次期政権の外相を狙《ねら》っていたといわれる。そして、まんまと念願のポストを手に入れたのである。

当時、外相候補には白鳥敏夫《しらとりとしお》などの名も上がっていたが、外務官僚には軍部に対して政府の外交方針を貫く気構えが欠けていたから、近衛は饒舌《じょうぜつ》でなる松岡なら軍部に対抗できると考えたのかもしれない。木戸は近衛に確かめた。すると近衛は「もう（松岡に）決めた」と、あっさりと答えた。第二次近衛内閣、ひいては日本の悲劇はこのときに始まったといってもいい。

前記したように、再スタートをきった近衛内閣は七月二十七日に大本営政府連絡会議を開き、軍部がまとめた南進政策の具体的方針である「世界情勢ノ推移ニ伴フ時局処理要綱」を、十分な討議もせずにそのまま基本国策要綱として正式決定し、一気に戦争への道を歩き始めたのである。その第一歩が日独伊三国同盟の締結であり、北部仏印への進駐であった。

難産だった日独伊三国同盟締結

外相に就任した松岡は、それまでに陸軍・海軍・外務の三省事務当局で一致を見ていた日独伊提携強化案を提出させたが、こんなものでは駄目だ、手ぬるいと、欄外に「虎穴《こけつ》に入らずんば虎児《こじ》を得ず」と書き込んで担当課長に突っ返した。そして松岡は改めて日独伊の提携強化案の作成を側近に命じ、七月三十日に「日独伊提携強化に関する件」と題する文書を作った。

この文書は、三省事務当局が作った案では「参戦に至らざる限度に於ける最大限の協力」と表現し、軍事協力に触れることを避けていたのに対し、「独伊側より対英軍事的協力に関し希望し来る場合に於ては、帝国としては原則としてこれに応ずるの用意ある」と、軍事同盟の要素もきわめて濃く出したものだった。この外務省案・松岡案は八月六日付で陸海軍事務当局に提示され、正式文書となった。

一方、松岡は外相就任と同時にドイツのオットー駐日大使を招き、日独提携強化問題や日本の南進問題、日米関係などについてドイツ側の態度に探りを入れていた。そうした八月二十三日、ドイツは来栖《くるす》三郎《さぶろう》駐独大使を通じて突如、ヒトラーの信任厚い極東通のスターマーを公使の資格で日本に派遣すると通告してきた。スターマーの任務は、もし日本側にドイツと同盟締結の意思がある場合にはその交渉にあたることであった。

当時、ドイツは対英戦線でデッドロックに乗り上げていた。英本土への猛爆撃にもかかわらずイギリスの抵抗は弱まらず、ドイツはイギリス本土上陸作戦を延期し、長期戦の公算が大きくなっていた。加えてアメリカは八月二十日に五十隻の駆逐艦をイギリスに供与することを発表し、イギリスもアメリカに基地の貸与《たいよ》を認める発表を行っていた。

ヨーロッパ大戦に参戦していないアメリカが、交戦国の一方に艦艇を供与することは明らかに国際法の中立違反だったが、ルーズベルト大統領は百も承知で援助に踏み切ったのである。ドイツは絶対に文句を言ってこないだろうと読んでいたし、よしんば宣戦布告などの強硬手段に出てくれば勿怪《もっけ》の幸《さいわ》いで、アメリカも一気に参戦できると考えていたのだ。ルーズベルト自身は、ドイツのヨーロッパ侵攻作戦が始まったときから、イギリスを助けてアメリカも参戦すべきであると考えていた。しかし、かたくなに孤立主義を守る世論が参戦を許さなかったため、ルーズベルトは「私はイギリスを絶対見捨てない」と公言し、堂々とチャーチル英首相と会談をして軍事援助を続けていた。

一方のドイツは、もしアメリカが参戦してくれば一挙に不利になることは目に見えていたから、対英武器援助には目をつむり、アメリカの挑発に乗ることを極力避けていた。それよりドイツとしては、ここで日本とより強力な軍事同盟を結ぶことによってアメリカを牽制《けんせい》し、その参戦を防ごうと考えたのである。

スターマー来日の報は松岡を元気づけたが、反対に海軍首脳は苦境に追い込まれることになった。八月六日付の文書「日独伊提携強化に関する件」について、外務、陸軍両省はすでに承認を与え、海軍側も事務当局と中堅将校たちはこの英国を対象とする軍事同盟案に賛成の意向を示していた。しかし第一次近衛内閣以来、海軍の首脳や長老たちは一貫して「日独伊の政治的結束はアメリカを刺激する」として三国同盟には反対の態度をとっている。その急先鋒《きゅうせんぽう》が米内光政前首相であり、山本五十六連合艦隊司令長官だった。このため政府は最終決定を下せないままでいた。

ところが八月中旬になると、海軍も阿部勝雄軍務局長など上層部内でも賛成論者が現れたうえに、スターマー公使の来日決定などで明確な態度決定を迫られることになった。海軍側の責任者である吉田善吾海相は、こうした上下の板ばさみに悩み、健康を害して九月三日に入院、その職を辞任してしまった。後任の海相には及川古志郎《おいかわこしろう》大将が選ばれ、海軍次官も豊田貞次郎《とよたていじろう》中将に代わった。この首脳交替によって、海軍側は方針を転換、消極的ながらも賛成に回る。その背景には、これ以上反対することは国内世論が許さないし、もし三国同盟が不成立に終わった場合、海軍がその責任を一身に負わなければならなくなるという危惧《きぐ》の念もあったからだというが、要は米内や山本のように、三国同盟締結は国益に反するといった明確なビジョン、信念がなかったからにほかならない。

ともあれ、この海軍の意外とも思える変わり身には、近衛首相自身驚いた。のちに近衛は「第二次及第三次近衛内閣ニ於ケル日米交渉ノ経過（草稿）」の中に書いている。

――三国条約締結に付きては、余は海軍が容易に賛成すまいとは思って居たのである。これは平沼内閣当時からの海軍の態度から見て当然予想せらるることである。吉田海相は組閣当初に於て三国枢軸強化といふことには同意した。然《しか》しながら進んで軍事上の援助を含む三国同盟となっては海軍として大問題である。果して吉田海相は大いに煩悶《はんもん》したらしい。而《しこう》して心臓病が昂《こう》じ俄《にわか》に辞職した。然《しか》るに及川大将が海相となるや直《ただ》ちに海軍は三国同盟に賛成したのである。余は海軍の余《あま》りにあっさりした賛成振りに不審を抱き、豊田海軍次官を招きて其事情を尋ねた。次官曰《いわ》く、

「海軍としては実は腹の中では三国条約に反対である。然しながら海軍がこれ以上反対することは最早《もはや》国内の政治情勢が許さぬ。故に止むを得ず賛成する。海軍が賛成するのは政治上の理

由からであって、軍事上の立場から見れば海軍は未《いま》だ米国を向ふに廻《まわ》して戦ふ丈《たけ》の確信はない」

余曰く、

「これは誠に意外の事を承《うけたまわ》る。国内政治のことは我々政治家の考へるべきことで、海軍が御心配にならんでもよいことである。海軍としては純軍事上の立場からのみ検討せられ、若《も》し確信なしと云ふならば飽迄《あくまで》反対せらるるが国家に忠なる所以《ゆえん》ではないか」

次官曰く、

「今日となりては海軍の立場も御諒承《ごりょうしょう》願ひたい。只此上《ただこのうえ》は出来るだけ三国条約に於ける軍事上の援助義務が発生せざるやう外交上の手段によりて之を防止する外に道がない」——(『近衛日記』共同通信社刊)

ところが昭和天皇は『昭和天皇独白録』(文藝春秋刊)のなかで意外な事実と条約締結にいたる内情を暴露している。

「吉田善吾〔海相〕が松岡〔洋右・外相〕の日独同盟論に賛成したのはだまされたと云っては語弊《ごへい》があるが、まあだまされたのである。日独同盟を結んでも米国は立たぬと云ふのが松岡の肚《はら》である。松岡は米国には国民の半数に及ぶ独乙《ドイツ》種がゐるから之が時に応じて起つと信じて居た、吉田は之を真《ま》に受けたのだ。

近衛第二次内閣の政策要綱は大変おかしな話だが、近衛、松岡、東條〔英機〕、吉田の四人で組閣のときに已《すで》に定めて終った。

吉田は海軍を代表して同盟論に賛成したのだが、内閣が発足すると間もなく、米国は軍備に着手し出した、之は内閣の予想に反した事で吉田は驚いた、そして心配の余り強度の神経衰弱にかゝり、自殺を企《くわだ》てたが、止められて果さず後辞職した。

後任の及川〔古志郎〕が同盟論に賛成したのは前任の吉田が賛成した以上、賛成せざるを得なかった訳で当時の海軍省の空気中に在ってはかくせざるを得なかったと思ふ。近衛の手記の中に於て、近衛は及川を責めているが、之はむしろ近衛の責任のがれの感がある」

そもそも三国同盟に反対であった天皇は、同じく米内光政大将――山本五十六中将――井上成美《いのうえしげよし》少将（当時軍務局長）という首脳部トリオが反対の陣頭に立っていた海軍に大きな期待を寄せていた。それだけに吉田海相になっての陸軍への同調には、やりきれなさがあったのかもしれない。それが「まあだまされた……」の表現となったのだろうか。それにしても現役海相の「自殺未遂」とは衝撃的証言である。当時の発表では、吉田の入院は「激務の疲労による狭心症の発作」とされていたのであるから。

暗躍する松岡外相

昭和十五年九月七日に来日したスターマーと松岡の会談は九月九日から東京・千駄ヶ谷の松

日本の外相官邸で開かれた日独伊３国同盟締結祝賀会に集まった、日本政府首脳と独伊の駐日大使たち。中央に立つのが松岡洋右外相。

岡の私邸で始められ、翌十日も続けられた。ところがこの日、スターマーは夫人が病気だとの理由で軽井沢に行ってしまった。そして松岡外相も静養と称して後を追った。この示し合わせた軽井沢密談で何が話し合われたかは分からない。だが、米内光政の手記によれば「陸軍はこれに参加したらしい」といい、松岡が外相就任後に外務省顧問に任命した外交官の白鳥《しらとり》敏夫《としお》と斎藤良衛《さいとうりょうえい》も参加していたといわれる。参加していなかったのは海軍側だけである。吉田善吾の戦後の発言によれば、ドイツ特使のスターマーは密かに「その三カ月ほど前に日本に来たことがある」というから、同盟反対の海軍を抜きにして、松岡や陸軍側とかなり早くから下交渉をしていたと思われる。軽井沢密談はそのツメだったのである。

九月十三日に帰京した松岡は、突如として三国条約案を突き付け、御前会議となった九月十九日の政府連絡会議で三国同盟の締結を決定し、条約は九月二十七日、ベルリンのヒトラー総統官邸で調印された。日本からは来栖三郎駐独大使、ドイツはリッベントロップ外相、イタリアはチアノ外相が出席した。

三国同盟の締結は日本国内を興奮につつんだ。その夜、外相官邸ではドイツのスターマー公使、オットー大使、イタリアのインデルリ大使を招いて祝賀会が開かれ、日本からは松岡外相をはじめ、東條陸相、星野直樹《ほしのなおき》無任所相らそうそうたるメンバーが参列して祝盃を上げた。そして翌日の新聞には「畏《かしこ》くも天皇陛下には今回の日独伊三国同盟成立に当り詔書を渙発《かんぱつ》あらせられ国民の嚮《むか》ふところをお示し遊ばされた」（朝日新聞）と「詔書」も掲載された。

この「疾風迅雷的《しっぷうじんらい》」な締結決定、調印に対して米内は書いている。

「当時、この条約締結に全幅の賛意を表していない海軍その他をおさえるため、調印と同時に詔書の発布（松岡起案）となり、この同盟に関する論議を封じた」

だが、前記したように天皇の本心は同盟締結反対であった。近衛は前出の回想記で語っている。日独伊三国同盟締結の目的の根本は日米衝突の回避であった。その第一段階としてまず日独伊が同盟を結び、次いでソ連を同盟に引き入れれば米英に対抗する勢力均衡が成り立つ。こうして米国を反省させるほかはない。ソ連はドイツと不可侵条約を結んで親善関係にあり、同盟参加の可能性は強いという結論に達したのだと。そしてドイツが、その第一歩として「日蘇《につそ》関係の調整に努力すると云ふ約束をした」から三国同盟の締結に踏み切ったのだとも付け加えている。

ところがドイツは日本との約束などは一考もせず、翌昭和十六年六月に独ソ開戦に踏み切り、日本が期待した三国同盟の大前提はもろくも崩れ去るのである。

近衛は続けている。

「今から考へると我々は三国条約の締結に際し今少しく慎重の態度を採《と》るべきであったと思ふ。当時、陛下には特に余に対し、『今暫らく独蘇《どくそ》の関係を見極めた上で締結しても遅くはないではないか』とおおせられたのであるが、之に対し奉《たてまつ》り、独逸《ドイツ》があれ程確信を以《もつ》て申す以上、之に信頼致しても宜《よろ》しかるべしと言上し御裁可を戴《いただ》いたのである」

昭和天皇も語っている。

「日独同盟に付ては結局私は賛成したが、決して満足して賛成した訳ではない。松岡は米国は参戦せぬといふ事を信じて居た。私は在米独系が松岡の云ふ通りに独乙側に起つとは確信出来なかった。然し松岡の言がまさか嘘とは思へぬし半信半疑で同意したが、ソ連の問題に付ては独ソの関係を更に深く確かめる方が良いと近衛に注意を与へた」

近衛の手記、そして昭和天皇の〝証言〟などを総合すると、三国同盟締結の裏には、松岡洋右の「饒舌」と独断が色濃く漂っているのである。

当時の駐日米大使ジョセフ・C・グルーもその日誌『滞日十年』（毎日新聞社刊）に書き残している。グルーは外相に就任した松岡にたびたび呼び付けられては長々とした会談を強いられていた。例えば昭和十五年十月五日には「二時間と十五分話をした」が、「例によって松岡氏は会話の九五％を独占した」というように、一方的に喋《しゃべ》りまくるのが常だった。そのグルー大使は十一月十八日の日誌に「三国条約背後の人としての松岡」とタイトルを冠して書いている。

「今になって見ると、近衛公爵と松岡が不本意ながら極端論者に強制されたという最初の話と違って、近衛を引張りこんで締結を遂行したのは松岡自身だったことが、かなり明らかである。われわれは非常に信頼すべき筋から、他の閣員は最後まで相談を受けず、この問題については全く何も知らないか、あるいはごく僅《わず》かしか聞いていなかったということを知った。

私が宮中に近い関係にある人から直接耳にしたところによると、天皇は三国条約に同意することをこの上もなく嫌い、最後に松岡が、枢軸国との同盟が締結されぬ以上合衆国との戦争は避けえないという、深くたくらんだ確信を申述べるにいたって、とうとう同意したそうである。その後松岡が私に語ったところから判断すると、この話は真実の響きをそなえている」

アメリカに口実を与えた北部仏印進駐

三国同盟締結に続く第二次近衛内閣のもう一つの重要政策は、武力南進策だった。すでに日本は日華事変開始直後の昭和十二年から、フランス政府に対して仏印＝フランス領インドシナを経由する中国の蔣介石政権への援助物資輸送ルート「援蔣ルート」の使用禁止を要求していた。しかしフランス側は言を左右にして実際の禁止措置はとらず、援蔣物資はその後も仏印ルートの鉄道を使って中国に送られていた。日本はこの援蔣ルートをなんとか遮断して日華事変をすみやかに処理したいと考えていた。

同時に陸軍は、この際一気に仏印への武力進駐を敢行し、南方資源地帯占領の足がかりを作りたいと画策していた。当時、南支方面軍（軍司令官・安藤《あんどう》利吉《りきち》中将）隷下の第五師団（師団長・中村明人《なかむらあけと》中将）を中心とした第二十二軍（司令官・久納誠一《くのうせいいち》中将）は南寧《なんねい》を占領していたが、治安状況が日を追って悪くなり、欽州湾《きんしゅうわん》からの補給物資ルートもきわめて危険な状態になっていた。そこで、この第二十二軍を欽州湾からの海路を使わずに陸路を通って移動させたい、すなわち北部仏印を経由して脱出させ、同時に事実上の北部仏印進駐もやってしまおうという肚《はら》だった。そして既成事実を作って中央を動かし、南進政策の第一歩にするという満州事変以来の陸軍の強引な作戦も隠されていた。

ところがドイツ軍によってパリが陥落した直後の昭和十五年六月十七日、カトルー仏印総督は日本が要求している援蔣物資の輸送禁止と日本の監視団の派遣を認め、日本は西原一策《にしはらいっさく》少将を団長とする陸海軍三十名と外務省員十名からなる輸送停止状況監視団をハノイに送ったのである。

西原少将に与えられた任務は、援蔣物資の輸送監視の他に、日本軍の仏印通過と飛行場の使用なども含まれていたが、日本側は仏印に領土的野心のないことを明言していたため、仏印側には好印象を与えていた。カトルーは日本が仏印の領土保全を認めれば、日本と防守同盟を締結し蔣介石に対して協同戦線を張っても良いとさえいい、中国から派遣されている援蔣物資監視者の追放、広州湾租借地に対する監視員の派遣、滞留している援蔣物資の日本への譲渡、海底電信線のハノイへの延長などを認めたのだった。

だが、日本との交渉にあたるカトルーは、このときすでに総督の地位を解任されていたのである。パリからヴィシーに移ったペタン元帥を首班とする親独政府（通称ヴィシー政府）は、独断で日本の監視団を受け入れたカトルーを更迭《こうてつ》して、六月三十日、後任にフランス東洋艦隊司令長官のドクー中将を任命していた。ドクーは総督就任を拒否していたが、ヴィシー政府は七月十二日、ドクーに総督就任を命じ、カトルーには日本との交渉を禁じたのである。同時に、カトルーがこれまでに日本と行ってきた交渉の合意事項はいっさい認めないとの態度をとった。

このため交渉の舞台は東京に移され、八月一日から外相に就任したばかりの松岡洋右とアルセーヌ・アンリー駐日大使との間で交渉が始められた。日本側の要求は実質的な軍事占領にもひとしい北部仏印の軍隊通過と飛行場の使用、飛行場警備兵力の駐屯などだった。当然、フランス側は強い抵抗を示した。松岡は要求が入れられなければ武力進駐もありうることをほのめかす。すでにドイツに敗北しているフランスは譲歩せざるをえず、日本が極東におけるフランスの権益、インドシナの領土保全とフランスの主権尊重を約束することで日本の要求を飲んだのだった。

八月三十日、松岡・アンリ協定は成立し、日本は北部仏印における軍隊通過と飛行場三カ所の使用、五千名の飛行場警備兵の駐屯を認めさせた。そして軍事協定の細目は現地ハノイで監視団長の西原少将とドクー総督、マルタン仏印軍司令官の間で詰められることになった。

東條陸相をはじめ陸軍省の軍務局は松岡・アンリ協定による日本軍の平和進駐に賛成だったが、参謀本部はあくまでも武力進駐を主張して譲らなかった。とくに参謀本部第一部長（作戦部長）の冨永恭次《とみながきょうじ》少将は強硬で、協定調印目前の八月二十七日、現地指導と称して部員の荒尾《あらお》興功《おきかつ》中佐らをともなってハノイに向かい、南支那方面軍参謀副長の佐藤賢了《さとうけんりょう》大佐とともに武力進駐を画策するのである。

ハノイでの細目交渉は、ドクー総督が「いまだ本国政府から訓令がない」として応じようとしないため中断していた。西原少将と強引に割って入った冨永少将は、もしフランス側が九月二日夕刻までに日本側の要求に応じない場合は、日本は仏印在住の日本人を一斉に引き揚げ、九月五日以降武力進駐も辞さないという通告文書をドクー総督に手交した。こうして交渉は再開され、九月四日に基本的な軍事協定が、六日に技術的な細目協定が調印された。

アメリカのハル国務長官は九月四日の声明と六日の記者会見で「仏印情勢をきわめて重視している」ことを表明し、イギリスのハリファクス外相も「現状維持に深い関心を有する」旨、日本政府に申し入れて日仏協定に懸念を表明した。そうした九月六日の昼ごろ、中国・仏印国境の鎮南関《ちんなんかん》に配備されていた第五師団の歩兵大隊が独断で国境を突破したため、仏印側は交渉を振り出しに戻してしまった。

現地交渉の進捗に業を煮やした参謀本部は、九月十三日、現地交渉のいかんにかかわらず九月二十三日午前零時を期限として部隊進駐の決行をきめ、南支那方面軍に命令した。計画では、第五師団は鎮南関から国境を越えて陸路を進駐し、新たに編成された印度支那派遣軍（司令官・西村琢磨《にしむらたくま》少将）が第二遣支艦隊の護衛のもとに海路からハイフォンに上陸するというものである。

こうした日本側の軍事行動計画を突きつけられた仏印側は交渉再開に応じ、細目協定は九月二十二日午後四時三十分、ギリギリのところで成立したのだった。そして協定による日本軍のハイフォン上陸は二十三日午前六時とされた。大本営はただちに現地部隊に平和進駐することを打電した。

ところが大本営からの電報は南支那方面軍参謀副長の佐藤賢了大佐によってにぎりつぶされ、中村明人中将の第五師団は九月二十三日午前零時を期して国境線を越えて仏印に侵入したのである。仏印のドンダン、ランソンを警備するフランス軍は激しく抵抗し、戦闘は二十五日まで続いたが、フランス軍の降伏によってようやくおさまった。

一方、海路ハイフォンから上陸する予定の印度支那派遣軍は、第二遣支艦隊第一護衛隊（第三水雷戦隊司令官・藤田類太郎《ふじたるいたろう》少将）に護衛されてハイフォン港外まで来ていたが、仏印側はドンダン方面で戦闘が発生したため、戦闘終了までハイフォンへの上陸を待ってほしいと申し入れてきた。現地の監視団長西原少将は了解し、大本営も天皇の裁可を得て延期を指示してきた。しかし陸軍はドーソンに武力上陸をするといって聞かない。第二遣支艦隊司令長官高須四郎《たかすしろう》中将や原忠一《はらちゅういち》参謀長は、軍令部の命令通り、協定が成立した以上、平和進駐以外ありえないという態度を崩さない。

現地と中央の陸海軍は、平和進駐か武力進駐かで激しくやりあった。しかし陸軍は武力進駐の態度を崩さず、九月二十六日早朝、ついに強行上陸を開始した。空からは九機の陸軍機がハイフォンに爆撃を繰り返した。第二遣支艦隊は第一護衛隊の藤田少将に対して「陸軍が大命にそむいてまでも武力上陸を強行するなら海軍は協力できないと伝え、至急艦隊を離脱せよ」と命令を下した。こうして第一護衛隊は日本の陸海軍史上最初にして最後、輸送船を置き去りにして急遽《きゅうきょ》ハイフォンから引き揚げてしまったのである。

日本軍の北部仏印進駐はアメリカの猛反発を招いた。すでにアメリカはグルー駐日大使を通して日本政府に抗議を続けていたが、ハル国務長官は九月二十三日の記者会見で「脅迫による仏印の現状変更は認めない」と声明、二十五日には対中国二千五百万ドルの追加借款供与を発表、二十六日には日本への屑鉄《くずてつ》の全面禁輸を発表した。日独伊三国同盟の締結、そして、この北部仏印への武力侵攻によって、日米関係は決定的な対立の構図を生み出したのである。

日本の外交暗号解読に成功した米情報部

日本国内が三国同盟締結に沸いているころ、アメリカでも軍の通信諜報関係者を興奮につつむ出来事が起きていた。この年、昭和十五年（一九四〇年）九月、ついにアメリカは日本の外交暗号を解読する機械の原型製作に成功したのである。

第一次世界大戦当時、アメリカには陸軍情報部の中にハーバード・O・ヤードレー中尉を長とする「M―8」という通信暗号解読組織（通称「ブラック・チェンバー」）を持っていた。ヤードレーの組織はドイツの暗号を解読し、秘密インキの正体を解明するなど優れた功績を挙げた。日本の外交暗号の解読にも成功し、大正十年（一九二一年）十一月にワシントンで行われた戦艦などの保有を制限する海軍軍縮会議では、日本の全権に届く本国からの暗号電報をことごとく解読してしまった。おかげで日本の手の内を知っている米代表団は日本の要求を強引に退け、日本の戦艦保有率を米英の六割に制限することに成功したのである。

こうした輝かしい功績を持ち、陸軍省から武功章までもらったヤードレーの組織だったが、第一次世界大戦が終わるやM-8は組織を縮小されることになった。そこでヤードレーは暗号解読班だけを私的な独立組織とし、国務相から資金援助を得て暗号解読の仕事を続けていた。ところが昭和四年(一九二九年)五月に、フーバー新政権の国務長官になったヘンリー・L・スチムソンは、「紳士たる者、みだりに他人の信書など盗み見するものではない」といい、突然、ヤードレーの組織へ支出していた年間四万ドルの予算を打ち切る決定をしたのである。資金に行き詰まったヤードレーの組織は、当然のごとく壊滅に追いやられてしまった。

ブラック・チェンバーの閉鎖は、陸海軍省の情報関係者をパニックに陥《おとしい》れた。スチムソンと違い、軍の幹部たちは平時における情報の大切さを知っている。いざ戦争という土壇場になってから、敵国の情勢を把握しようとしてもできるものではなく、平時の情報の積み重ねと調査分析こそが、敵を知る最良の方法であることを理解していたからだ。それを個人の主義・信条だけで中断されたのではたまらないという気持ちが働いたとしてもおかしくはない。

当時、陸軍省と海軍省にはヤードレーに勝るとも劣らない二人の暗号解読の専門家がいた。

陸軍の専門家は文官ながら、のちに「暗号の天才」といわれるウィリアム・Ｆ・フリードマン（のち大佐）といい、海軍の専門家は、一九二三年末に暗号解読班（海軍通信部通信保全課）が設置されたときの班長ローレンス・Ｆ・サフォード大尉（のち大佐）と言った。ヤードレーの「ブラック・チェンバー」が閉鎖されたことでも分かるように、陸海軍ともに当時の暗号解読業務は組織も技術も貧弱で、戦略上はほとんど重要視されていなかった。その暗号解読という業務の重要性を、のちに大統領にまで認識させる功績者こそ、フリードマンとサフォードの二人なのである。

ハーバード・O・ヤードレー中尉の数少ない写真の1枚。

ヤードレーの「ブラック・チェンバー」が閉鎖されたとき、フリードマンは陸軍通信部暗号班の主任をしていたが、スチムソン国務長官が命令を出す直前の一九二九年四月、通信部長のＧ・Ｓ・ギブズ少将を説得してＳＩＳ（Signal Intelligence Service《シグナル・インテリジェンス・サービス》＝陸軍通信隊情報部）という新しいセクションを設立し、自らその長に就いたばかりだった。SISの任務は敵の有無線通信を傍受し、方位測定によって敵の通信所の位置を突き止めることと、傍受した敵の暗号を解読したり、秘密文書を発見して敵の謀略を暴くことなどが主な仕事とされた。この組織こそ陸軍省安全保障局、のちの国家安全保障局（NSA）の前身になる組織である。

これら陸海軍の暗号解読班は、当然のことながらフリードマン班は外国の陸軍暗号の解読を担当し、サフォード班は海軍暗号の解読を担当していた。そして各国政府が出先の大使館や領事館との間で使っている外交暗号の解読は陸軍の担当とされていた。しかし海軍の暗号解読班は、当のサフォードが一九三二年（昭和七年）五月に異動で海上勤務に出てしまったため、停滞の憂き目にあっていた。だが、四年後の一九三六年（昭和十一年）五月にサフォードは中佐になって戻り、海軍通信部のなかにOP-20-Gという通信保全課を創設して作業を開始するや、海軍暗号解読班は活気を取り戻していった。OP-20-Gというのは海軍作戦部の編成図での略称で、通信部はOP-20、その中の暗号解読班（通信保全課）はアルファベットでGと呼ばれていた。

フリードマンやサフォードたちが本腰を入れて日本軍の暗号解読を始めたころ、日本海軍の特別通信班でも全く新しい暗号機の開発を進めていた。そして昭和十二年（一九三七年）に、ついに英文で入出力できる暗号機「九七式欧文印字機」の製作に成功した。九七式とは、この年が紀元で二五九七年にあたるところから命名されたものである。暗号機の開発費は外務省電信課から出されていたから、完成した暗号機は海軍が独占するわけにはいかず、外務省にも提供された。そして欧米の主要国にある大使館と総領事館の暗号機は、アメリカの暗号解読者たちが「赤暗号機《レッド・マシン》」と呼んでいた旧型機から新型の「九七式欧文印字機」に替えられた。

サフォードとOP－20－Gのスタッフが、東京から発信される暗号体系が新しいものに替わっていることに気付いたのは一九三八年（昭和十三年）の初めだった。しかし、その暗号はサフォードたちにはあまり関心のない外交通信ばかりだったが、やがてポツポツと日本海軍の通信も新しい暗号で来はじめていることが分かった。

OP－20－Gは本来の仕事の合間を縫って、日本の新暗号システムの解読にかかった。だが本格的に取り組めば取り組むほど新暗号は複雑きわまりないことが分かってきた。それでも一九三八年の末までには、おぼろげながらも暗号体系の全体像が姿を見せてきた。そして暗号はある種の機械から作られていることも分かり、一部の電報はきわめて優先順位の高い外交電報であることが確認された。

サフォードはこの日本の新暗号システムを一気に解明するにはどうしたらいいかを考えた。OP－20－Gだけの力ではまず無理であろうと思った。陸軍のSISが頭に浮かんだ。しかし、日本でもそうだったが、アメリカでも陸軍と海軍は犬猿の仲だったから、正規のルートを通して持ちかけても協力態勢が作れないのは分かっていた。そこでサフォードは密かに友人でもあるＳＩＳのフリードマンに打ち明けた。フリードマンは暗号機が生み出す暗号体系を解いた実績をいくつも持っていたし、その暗号機を再製してしまうのを得意技の一つにしている。サフォードは、フリードマンなら必ず協同で解明することを承知してくれると信じたからだった。

フリードマンは「ぜひやろう」と言ってくれた。

サフォードはさっそく上官たちを巧妙に説得し、陸海軍協同で日本の暗号解読作業を行うという「夢の可能性」を探る許可を得た。その上で、当時ＳＩＳの責任者になっていたＷ・Ｏ・リーダー少佐に会い、ＯＰ-20-Ｇと協同で日本の新暗号を解読していく同意を取り付けたのである。

サフォードとリーダーは、陸海協同で作業を進めていく件の決裁を海軍通信部長Ｃ・Ｅ・コートネイ海軍少将と陸軍通信部長Ｊ・Ｏ・モウボーン陸軍少将に求めた。フリードマンの熱烈な支持者であるモウボーン少将は積極的な賛意を表し、コートネイ少将も承認した。

さっそく海軍のＯＰ-20-Ｇと陸軍のＳＩＳの間で話し合いが行われた。フリードマンのＳＩＳは、そのときやっていた作業をすべて中止し、日本の新暗号の解読とその暗号機を模造することに総力を挙げることになった。それまでＳＩＳがやっていた日常的な暗号解読は通信部の秘密保全課が引き受けることになった。一方、サフォードのＯＰ-20-ＧはＳＩＳが必要とする日本の傍受電報をいつでも提供できるようにした。加えて海軍が解読に成功している日本の「レッド・マシン」の技術上の細部も陸軍に知らせることに同意した。さらに、陸軍通信部にはこの仕事を進めていくための予算がないというので、海軍が資金の負担を引き受けることにしたのである。

アメリカ陸海軍合同による日本の外交暗号への挑戦が始まった。しかし、日本の新暗号はかたくなに解読を拒んでいた。時は一九三九年になり、一九四〇年に代わった。しかし解読も暗号機の複製も七五パーセントがブラックボックスに閉じこめられたままだった。作業を開始してからすでに十八カ月が過ぎている。フリードマンもスタッフもくたくたで、肉体の限界を超えていた。

作業が十九カ月目に入った一九四〇年（昭和十五年）八月のある朝、ラリー・クラークという若い暗号手が職場に走り込んできた。そしてフリードマンを見つけるや、若者は一気にまくしたてた。

「昨夜、思いついたんです、これを解くカギはここだということに」

若者は一呼吸おくと、こう続けた。

「奴らは暗号の機械を組むのに、円盤の代わりに次々と変化する スイッチを使っているのではないでしょうか！」

若者がいうスイッチとは、ちょうど電話の交換器のスイッチみたいなものではないかというのだが、暗号機にスイッチを使うなどとは常識から外れているので、フリードマンは驚いた。しかし発明や開発に失敗はつきものだったから、ともかく若者のアイディアを実験してみることにした。

街の電気部品店で買い集めたスイッチを使った機械は、不規則で奇妙な打ち方を始めた。凝視するスタッフの目の色が変わった。それから丸二日間、フリードマンとスタッフはほとんど徹夜で配線をやり直したり、プラグの位置を変えたりの作業を根気よく繰り返していった。

海軍が傍受した日本の暗号文を機械にかけた。機械はカタカタと不規則な動きをしながら日本文や英文を吐き出してくる。日本文はただちに英語に翻訳されたが、すらすら読める生文（解読文）はなかなか出てこない。しかし、スタッフたちには生気がみなぎっていた。誰もが完成一歩手前にいることを疑わなかったからだ。そして一九四〇年九月二十五日、フリードマンとそのスタッフたちが心血を注いで作った暗号機は、ついに最初の完全な生文を打ち出してきたのである。

日本で開発・製造された暗号機の現物も部品も見たことがなく、そのうえその機械が組む暗号の原理も知らないまま完璧《かんぺき》に近いコピーマシンを造ったことは、まさに奇跡に近い快挙だった。日本の敗戦後、米軍は日本から本物の「九七式欧文印字機」を押収して解体検査をした。

そしてアメリカが造った模造機は、本物とくらべ配線の接続箇所がたった二カ所しか違っていなかったことが分かった。いや、混線が少ない点からみれば、アメリカ製の方が信頼できたとさえ言われている。

フリードマンのスタッフたちは、日本の旧型に「レッド・マシン」という名前をつけたように、この新型暗号機を「紫暗号機《パープル・マシン》」と呼ぶことにした。

パープルの完成はただちに参謀総長のジョージ・C・マーシャル陸軍大将と海軍作戦部長ハロルド・R・スターク海軍大将に報告された。そして海軍情報部のアンダーソン少将の提案で、今後、パープルで解読した日本の外交暗号はもちろん、他の方法によって知り得た枢軸国《すうじくこく》の情報も含め、機密情報は「マジック」（魔法）という隠語で呼び合うことが確認された。秘密の漏《ろう》洩《えい》防止のためである。

マジックの秘密防止について、マーシャル大将は特に厳しい制限を要求した。すなわち、マジックの内容を知る得るのは、作戦の立案者か最終決定者に限られるべきであるというのだ。そしてマジックの配布は次の人たちだけに行われることが決まった。

◎海軍側の配布先

ルーズベルト大統領

ノックス海軍長官

ヘンリー・L・スチムソン陸軍長官

ジョージ・C・マーシャル陸軍大将（参謀総長）

スターク海軍大将（海軍作戦部長）
ノイズ海軍少将（海軍通信局長）
ターナー海軍少将（海軍作戦部戦争計画部長）
ウィルキンソン海軍大佐（海軍情報部長）
マッコラム海軍中佐（海軍情報部極東課長）

◎陸軍側の配布先

ハル国務長官
スチムソン陸軍長官
マーシャル陸軍大将（参謀総長）
ジロー陸軍准将（参謀本部戦争計画部長）
マイルズ陸軍准将（陸軍情報部長）
ブラットン陸軍大佐（陸軍情報部極東課長）

陸軍部内でマジックを見ることが許された唯一のシビリアン（文官）は、ルーズベルト政権の陸軍長官ヘンリー・L・スチムソンだった。かつて「紳士たる者、みだりに他人の信書など盗み見するものではない」といって、ヤードレーのブラック・チェンバーを潰《つぶ》したフーバー政権の国務長官だった人である。

そのスチムソン長官にマーシャル参謀総長は言った。

「ブラック・チェンバーよりもはるかによい暗号解読の道具ができあがりました」

今度は「紳士たるもの……」などという青臭いことは言わなかった。のちにスチムソンは回顧録に「状況が違っていた」からだと書いている。

それはさておき、フリードマンたち陸軍のＳＩＳが完成させたパープル第一号機はサフォードの海軍通信保全課に渡された。ワシントンにある海軍暗号通信研究所でコピー機を造るためである。そして日米が開戦する翌一九四一年（昭和十六年）十二月までに八台のパープル機が造られたといわれる。一号機はワシントンの陸軍管轄下に置かれ、二号機と三号機はイギリスに提供された。四号機はワシントンの海軍管轄下に置かれ、五号機はフィリピンの米軍情報部に渡された。六号機と七号機は予備としてワシントンに置かれ、八号機は再びロンドンに提供された。

ところが、米太平洋艦隊の新たな根拠地となったハワイの真珠湾にはなぜか一台も送られなかった。なぜ送られなかったかは、いまだに推測と論議が続いている歴史の謎であるが、日本と日本人にとってはやりきれない「リメンバー・パール・ハーバー！」（真珠湾を忘れるな！）と

「日本のだまし討ち」のすべては、ここ一九四〇年九月二十五日に始まったのである。

第2章

真珠湾奇襲攻撃構想

航空攻撃の芽生え

連合艦隊司令長官に就任した山本五十六《やまもといそろく》中将（当時）が、日米が開戦した場合、まず米太平洋艦隊の母港であるハワイの真珠湾を奇襲しようと考え始めたのがいつの頃かは分からない。しかし、それを推測する一つの「事件」がある。

昭和十五年（一九四〇年）三月、山本長官は昼間雷撃訓練の「連合艦隊飛行作業」を行った。実戦形式の訓練は、山本長官率いる第一戦隊（戦艦「長門《ながと》」「陸奥《むつ》」）と空母「蒼龍《そうりゅう》」に対し、第一航空戦隊司令官・小沢治三郎《おざわじさぶろう》少将（当時）が統一指揮する飛行機八十一機が襲撃するという設定である。小沢の指揮する八十一機は、艦上攻撃機（艦攻）が十八機、雷撃の双発陸上攻撃機（陸攻）が三十六機、急降下爆撃を行う艦上爆撃機（艦爆）二十七機という陣容だった。そして、この小沢戦隊を「蒼龍」の艦上戦闘機（艦戦）二十七機が迎撃する。

訓練は実戦さながらの激しいものになった。そのとき海軍大尉として山本長官が座乗《ざじょう》する旗艦「長門」に乗り合わせていた、のちの戦史研究家・吉田俊雄《よしだとしお》氏（元海軍中佐）は書いている。

「それはもう、猛烈な台風にまともにとびこんだようなものだった。不吉な、としか言いようのない唸《うな》りが大きくなると、まもなく、あちこちから翼長二五メートルの大型機（陸攻）のむれが突っこんでくる。急角度で高度を下げ、つぎつぎに海面近く舞いおり、魚雷投下。それが気味悪い白い飛沫をあげて海中に消えるときには、飛行機はエンジン全開で、空が裂けるような爆音を残し、マストすれすれのところで頭上を飛び越える。思わず首を縮めると、こんどは魚雷が白い尾を曳《ひ》きながら、目にもとまらぬ早さで舷側《げんそく》に迫り、次の瞬間には艦底を潜り抜けて反対側に走り去る。

めまぐるしく飛行機が襲いかかり、めまぐるしく白い雷跡が艦を串刺《くしざ》しにした。右に左に、艦長は赤鬼のようになって舵《かじ》をとる。が、そんなことで避けられる魚雷の数ではなかった。一本は避けても、二本目が命中する。一本、二本は避けても、三本、四本目が命中する。

『こりゃ、戦艦も浮いとられんなぁ』

悲鳴に似た声をあげる誰かを、私は見た」（『歴史と人物』昭和六十一年夏号「Z作戦もむなしい福留繁」）

もちろん悲鳴の主は山本五十六である。訓練は、明らかに山本が率いる戦艦隊の負けだった。吉田氏の記事によれば、この凄《すさ》まじい航空攻撃訓練を福留繁参謀長とともに艦橋で見ていた山

艦橋から訓練の模様を眺める山本五十六長官。

本は、続けてつぶやくともなく言ったという。

「飛行機でハワイをたたけないものか」

福留は応《こた》えた。

「航空攻撃をやれるくらいなら、全艦隊がハワイ近海に押し出した全力決戦がいいでしょう」

作戦にかけては当時の日本海軍内で第一人者と見られていた福留にしても、航空機によるハワイ攻撃など思いもおよばない作戦だったのである。戦後、福留は語っているという。「かかる遠隔《えんかく》の地に対する攻撃は、ひたすら潜水艦による方策以外にはあるまいと考えていた」と。

しかし、これからの海戦は航空主兵になると確信していた山本は、演習とはいえ、目前で繰り広げられた航空機による攻撃の圧倒的強さに改めて自信を深めたに違いない。同時に、この日の訓練は、日本の海軍が長年にわたって続けてきた戦艦中心の艦隊訓練を見直さなければならない、一つの「事件」でもあったのだ。

しかし、この時期の日米関係は険悪化しているとはいえ、まだ戦争を予期するほどではない。山本長官にとって何よりも安心なのは、日本をリードする首相が師とも仰ぐ米内光政大将であり、対米非戦派の総帥《そうすい》ともいえる人だからであった。

だが、その米内内閣もあっけなく倒れ、陸軍と松岡外相のロボット的な近衛文麿内閣の再登場で、あれほど反対していた日独伊三国同盟はあっという間に締結され、さらには北部仏印への武力進攻も強行してしまった。アメリカの強硬な態度から推して、日米開戦の危険性は一段と強まったと言わなければならない。訓練の際、あくまでも一作戦案として口にした航空機によるハワイ攻撃が現実のものとなるかもしれない——山本がそう考えたとしても決して不思議ではない情勢になっていたからである。

日本を取り巻く国際情勢が不穏になるなか、上京した山本は荻窪の「荻外荘《てきがいそう》」（近衛文麿宅）を訪ねた。昭和十五年九月の末である。海軍大臣が吉田善吾中将から及川古志郎大将に代わり、次官も豊田貞次郎中将になり、近衛がその豊田を呼んで海軍の三国同盟賛成のいきさつを聞いて間もなくのころである。

近衛の手記によれば、世に知られる山本の「やれと言われれば、初めの半年か一年は……」の言動は、次のような会話から生まれている。

——其後暫《そのごしばら》くして連合艦隊司令長官・山本五十六大将が上京したので会見した。同大将は最強硬なる同盟反対論者で、平沼内閣当時、米内海相が頑強に三国条約に反対したのも当時の次官たりし山本大将の輔佐が与《あずか》って力があったと思はれる。余は大将に、豊田次官よりかくかくの話ありたりと述べたるに、大将は、「今の海軍省は余りに政治的に考へ過ぎる」と言ふて痛く不満の様子であった。

余は日米戦争の場合、大将の見込如何《いかが》を問ふた処《ところ》、同大将曰《いわ》く、

「それは是非やれと云はるれば初め半歳《はんとし》か一年の間は随分暴れて御覧に入れる。然《しか》しながら二年三年となれば全く確信は持てぬ。三国条約が出来たのは致方《いたしかた》ないが、かくなりし上は日米戦争を回避する様《よう》極力御努力願ひたい」とのことであった。

これで海軍首脳部の肚《はら》は解《わか》ったのである。海軍の肚がかくの如《ごと》しとすれば三国条約の実際の活用は余程《よほど》慎重にやらねばならぬ。仮令蘇連《たとえそれん》が同盟側に付くとしても海軍の考がかくある以上日米衝突は極力回避せねばならぬ――（『近衛日記』）

山本五十六の経歴を見れば一目瞭然《いちもくりょうぜん》だが、国際情勢と航空機に関する知識がきわめて豊富なことである。大正八年（一九一九年）四月、少佐だった山本はアメリカ駐在武官として渡米、ボストンのハーバード大学で聴講生となって海外生活を始めた。アメリカ生活は大正十年（一九二一年）十一月まで二年半つづいたが、この間中佐に昇進、十年十一月十二日から開かれたワシントン海軍軍縮会議には随員として出席した。つづいて十二年（一九二三年）七月には欧米視察に赴《おもむ》き、十四年（一九二五年）十二月から昭和三年（一九二八年）三月までは駐米日本大使館付武官を務めている。そして海軍少将に昇進する昭和四年十一月のロンドン海軍軍縮会議には全権随員として、昭和九年（一九三四年）九月のロンドン海軍軍縮会議予備交渉には日本代表として渡英した。

周知のごとく、これら海軍軍縮会議で米英日の艦船保有率は五・五・三に決められた。この会議の結果を見て以来、山本は航空軍備の充実に着目し、大正十年十二月に海軍大学に軍政学教官として赴任した際には、早くも戦艦と航空機の攻防問題を鋭く論じ、軍縮の対象にならない航空機こそ最も必要な軍備であると力説している。

元来、砲術専攻の山本であるが、航空の重要性を説《と》いたあとは、自ら希望して航空の分野に転身し、大正十三年（一九二四年）十二月には霞ヶ浦航空隊に副長兼教頭として入り、本格的な海軍航空隊の建設と整備に乗り出している。

そして、少将に昇進して第一次ロンドン軍縮会議から帰った山本は、昭和五年（一九三〇年）十二月、海軍航空本部技術部長に就任、昭和八年十月に第一航空戦隊の司令官に転任するまでその職にあった。さらに、第二次ロンドン軍縮会議から帰国して中将に昇進すると、翌昭和十年（一九三五年）十二月に海軍航空本部長に就任するのである。こうして「海軍航空隊生みの親」ともいわれる経歴が語るように、山本は単に戦略・戦術に長《た》けた指揮官としてだけではなく、軍政面にもきわめて通暁《つうぎょう》していく。

少将時代の山本五十六。

だから、近衛首相から日米開戦の場合の見込みを聞かれたとき、「初め半歳か一年の間は随分暴れて御覧に入れる。然しながら二年三年となれば全く確信は持てぬ」と答えた裏には、近代戦に欠かすことのできない航空機の保有数や補充体制、石油の備蓄量といった数字の裏打ちがあったのである。

たとえば日米開戦時の石油備蓄量は四二七〇万バレルで、約二年間の消費量と推定されていた。実際の消費量は昭和十七年（一九四二年）が二五五五万バレル、十八年が二八一一万バレル、合計五三六六万バレルに達し、この間に輸入された石油は二三八八バレルだった。開戦時の備蓄は、山本が予言したように約一年半で消費尽くされたのである。

明かされた大胆な奇襲攻撃案

昭和十五年（一九四〇年）十一月十五日に海軍大将に親補《しんぽ》された山本五十六連合艦隊司令長官は、南方作戦の図上演習を要請した。軍令部と海軍大学の職員を動員して行われた図演《ずえん》はこの月の二十八日に終了したが、結果は蘭印《らんいん》攻略作戦を開始すれば、やがては対米英全面戦争に発展すると出た。その前日の二十七日、海軍の「昭和十六年度帝国海軍作戦計画」が裁可されている。その中の「対支作戦中、米国、英国及び蘭国と開戦する場合の作戦」の攻略範囲はフィリピン、英領マレー、英領ボルネオ、蘭領東インド、香港、グアム、ウェーク島（推定）で、ハワイは含まれていない。一人、ハワイ攻撃を考えていたのは山本五十六大将だけだった。

その山本が、真珠湾奇襲攻撃のかなり具体的な計画を初めて第三者に漏《も》らしたのは昭和十六年（一九四一年）一月七日のことだった。相手は時の海軍大臣及川古志郎大将で、山本は私信のかたちで三千字近い長文の手紙を同日付で書き送った。「戦備ニ関スル意見」と題された手紙は「対米英必戦ヲ覚悟シテ」書かれたもので、①戦備、②訓練、③作戦方針、④開戦劈頭《ヘキトウ》ニ於《オイ》テ採《ト》ルベキ作戦計画、の四項目に分かれている。

その第四項「開戦劈頭ニ於テ採ルベキ作戦計画」は、次のような内容である（原文は片仮名交じり）。

われ等は日露戦争において幾多の教訓を与えられたり。そのうち開戦劈頭における教訓左のごとし。

一、開戦劈頭敵主力艦隊急襲の好機を得たること。

二、開戦劈頭に於ける我水雷部隊の士気は必ずしも旺盛《おうせい》ならず（例外はありたり）。その技倆《ぎりょう》は不充分なりしこと、この点遺憾にして大に反省を要す。

三、閉塞《へいそく》作業の計画ならびに実施は共に不徹底なりしことわれ等はこれら成功ならびに失敗の蹟《あと》に鑑《かんが》み日米開戦の劈頭においては極度に善処することに努めざるべからず。而《しこう》して勝敗を第一日に於て決するの覚悟あるを要す。

作戦実施の要領左のごとし。

一、敵主力の大部真珠港に在泊せる場合には飛行機隊をもってこれを徹底的に撃破し、且《かつ》同港を閉塞《へいそく》す。

二、敵主力真珠港以外に在泊するときも亦《また》これに準ず。

これがために使用すべき兵力及びその任務。

イ、第一、第二航空戦隊（やむを得ざれば第二航空戦隊のみ）、月明の夜又は黎明《れいめい》を期し全航空兵力をもって全滅を期し敵を強（奇）襲す。

ロ、一個水雷戦隊、敵飛行機隊の反撃を免れざるべき沈没母艦乗員の収容に任ず。

ハ、一個潜水戦隊、真珠港（其の他の碇泊地）に近迫、敵の狼狽《ろうばい》出動を邀撃《ようげき》し、なし得れば真珠港口においてこれを敢行し、敵艦を利用して港口を閉塞す。（以下略）

そして作戦はフィリピン、シンガポール方面の敵航空兵力の急襲撃滅作戦と「概《オオム》ネ日ヲ同ジクシテ決行セザルベカラズ」とし、山本長官は次のような内容の意見を付している。

「万が一ハワイ攻撃における損害の大きさを慮《おもんぱか》って東方（ハワイ方面）に対して守勢を採《と》り、敵の来攻を待つようなことがあれば、敵は一挙に日本本土を急襲し、東京をはじめ大都市を焼尽《しょうじん》と化す作戦に出るに違いない。もし、一旦このような事態に立ちいたったならば、仮に南方作戦に成功を収めたとしても、わが海軍は輿論の激昂《げっこう》を浴《あ》び、ひいては国民の士気の低下をまねき、如何《いかん》ともしがたい事態に立ちいたることは火を見るよりも明らかである……」

さらに山本は、開戦第一日の真珠湾奇襲作戦に際しては、自ら艦隊を直率したいとも付け加えている。

「小官は本布哇《ハワイ》作戦の実施に方《あた》りては航空艦隊司令長官を拝命して攻撃部隊を直率せしめられんことを切望するものなり。

爾後《じご》堂々の大作戦を指導すべき大連合艦隊司令長官に至りては、自ら他に其人《そのひと》在りと確信するは既に曩《さき》に口頭を以《もっ》て意見を開陳せる通りなり。

願くは明断を以て人事の異動を決行せられ小官をして専心最後の御奉公に邁進《まいしん》することを得しめられんことを」

山本の手紙を読んだ及川海相は、連合艦隊司令長官よりも格下の航空艦隊司令長官を拝名してまでも直接指揮を執《と》りたいという山本の字句を、どうとらえたのだろうか。手紙の内容は、山本が自ら書いているように「客年十一月下旬、一応口頭進言セルトコロト概ネ重複ス」とあるから、及川海相にとっては初耳の作戦構想ではなかったようだ。もし作戦の意見具申ならば、海軍大臣にではなく軍令部総長に出すのが筋である。それを、なぜ山本は海相に出したのだろうか……。

しかも、欄外には「大臣一人限御含ミ迄《マデ》　誰ニモ示サズ焼却ノコト」と、朱筆で注意書きが加えられていたところを見ても、海相宛に書かれたものであることは間違いない。

山本の真意は、作戦構想の具申もさること、手紙の最後にある「爾後堂々の大作戦を指導すべき大連合艦隊司令長官に至りては、自ら他に其人在りと確信する」という件にあったのではないだろうか。すなわち、手紙の中で暗に示唆《しさ》した「其の人」とは米内光政大将（海兵29期）のことで、その米内を現役に復帰させて連合艦隊司令長官に任命する可能性を探ることにあったのではないだろうか。

米内は及川の前々任の海相で、山本はその米内の下で次官として共に歩んできた緊密な間柄である。その米内が連合艦隊司令長官として現役に就《つ》いてくれれば、自分は安心してハワイ攻撃の現場指揮を執れる——山本の私信の真意がそこにあったとしても決して不思議ではない。

山本が及川海相に次いで真珠湾攻撃の計画を打ち明けたのは、当時第十一航空艦隊参謀長で、数少ない航空派将官だった大西瀧治郎《おおにしたきじろう》少将である。形式はこれも私信で、及川海相への手紙の内容を簡略したものだった。時期は及川海相に送った一週間後だったという。この段階で、山本一人の胸にあった「真珠湾奇襲攻撃」の作戦計画は、具体案の作成へと歩き始めるのである。

真珠湾攻撃、源田案と大西案

昭和十六年（一九四一年）二月初め、大西少将は個人的にも親しく、若手の〝航空屋〟として知られている源田実《げんだみのる》中佐を鹿屋《かのや》基地に呼んだ。

「相談したいことがあるから、鹿屋に来てくれ」という簡単なものだった。

鹿児島の鹿屋は海軍陸上攻撃機の中心基地で、昭和十六年一月十五日に編制されたばかりの第十一航空艦隊（司令長官・南雲忠一《なぐもちゅういち》中将）の司令部もその本拠をこの鹿屋基地に置いていた。

当時、源田中佐は第一航空艦隊の前身である第一航空戦隊の航空参謀として、有明湾の志布志沖に錨を入れていた旗艦「加賀《かが》」に乗艦していた。いまはロケット発射場になっている内之浦である。

源田中佐は鹿屋に飛んだ。第十一航空艦隊参謀長室には大西少将が一人でおり、微笑を浮かべながら「まあ、そこに座れよ」とソファーに招いた。そして自分も腰を下ろしながら、内ポケットから一通の手紙を取り出し、

「ちょっと、この手紙を読んでくれ」

と封書を源田中佐に渡した。

表には「第十一航空艦隊司令部　大西少将閣下」と墨書され、裏には「山本五十六」とあった。源田中佐は手紙を取り出す。美濃罫紙《みのけいし》に墨痕《ぼっこん》もあざやかな達筆な文章が流れている。手紙の内容は、源田の『真珠湾作戦回顧録』（読売新聞社刊）によれば、おおよそ次のようだったという。

大西瀧治郎海軍少将（第11航空艦隊参謀長）

「国際情勢の推移いかんによっては、あるいは日米開戦のやむなきにいたるかもしれない。日米が干戈《かんか》をとって相戦う場合、わが方としては、何かよほど思い切った戦法をとらなければ、勝ちを制することはできない。

それには、開戦劈頭、ハワイ方面にある米国艦隊の主力に対し、わが第一、第二航空戦隊飛行機隊の全力をもって痛撃を与え、当分の間、米国艦隊の西太平洋進攻を不可能にしなければならない。

よって攻撃目標は米国戦艦群であり、攻撃は雷撃隊による片道攻撃とする。

本作戦は容易ならざることとなるも、本職自らこの空襲部隊の指揮官を拝命し、作戦遂行に全力を挙げる決意である。ついては、この作戦をいかなる方法によって実施すればよいか研究してもらいたい」

手紙を読んだ源田中佐は後日、語っている。

「やられた。これはえらい考え方だ。すばらしい着想だと思いました。ハワイ方面を急襲する、これは山本長官に先手をとられた、しまったという感じを持ちましたね」

源田中佐が読み終わるのを待って大西少将は言った。

「そこでやね、君ひとつこの作戦を研究してみてくれんか。できるかできないか、どうすればやれるか、そんなところが知りたいんだ」

二人は手紙にある、攻撃目標が戦艦であることの是非、片道攻撃の問題、水深十二メートルという真珠湾での雷撃の問題、攻撃時刻などを論議したあと、

「要するにだ、作戦を成功させるための第一の要件は、機密保持だ。その点、十分に気をつけて、研究してくれ」

という大西少将の言葉で別れた。

源田実中佐（第1航空戦隊航空参謀）

源田中佐が真珠湾攻撃の二つの素案を大西少将に提出したのは、それから約一週間後だった。素案の一つは雷撃が可能な場合で、艦上攻撃機の全力を雷撃機とし、これに艦爆を加えて共同攻撃を行う。その二の雷撃不可能な場合は、艦攻を全部おろし、その代わりに艦爆を積み、攻撃は全面的に艦爆に依存するというものである。

艦上攻撃機、すなわち艦攻とは魚雷攻撃と爆撃に使用される飛行機で、魚雷を抱いたときには雷撃機、爆弾のときは水平爆撃機ともいわれる。ただし艦上爆撃機、すなわち艦爆は艦攻とは機種が違い、一発必中の捨て身戦法である急降下爆撃を主任務とする。これに対し艦攻は急降下ができない機種なので、三、四千メートルの高々度から大型の八百キロ爆弾を投下する水平爆撃を行うのである。

「両者ともに、主攻撃目標は航空母艦とし、副攻撃目標として戦艦、巡洋艦以下の補助艦艇、飛行場施設とした。また戦闘機は、制空と地上飛行機の銃撃に充当するものであった。

使用母艦としては、第一航空戦隊、第二航空戦隊の全力（「赤城《あかぎ》」「加賀《かが》」「蒼龍《そうりゅう》」「飛龍《ひりゅう》」）とそれに第四航空戦隊の「龍驤《りゅうじょう》」を加えたものであった。

当時はまだ、進撃航路に対する研究は積んでいなかったのであるが、いずれにしても、南方から攻撃する手はないので、ハワイ列島の北方からすることとしていたのである」（『真珠湾作戦回顧録』）

源田案に盛られた使用空母は、当時の日本海軍が保有する全戦力だった。源田案は、母艦戦力が強大であればあるほど敵に大損害を与えられるし、開戦時の不測の事態にも対処できるという発想からだった。また、ハワイの真珠湾への接近は夜陰に乗じて行う必要から、攻撃開始は黎明《れいめい》とすべきであるとしていた。

ところで、この源田案には水平爆撃は計画に入れられていなかった。源田は前出の回顧録に書いている。

「私が水平爆撃を計画に入れなかったのは、当時水平爆撃の命中率が極めて低く、戦艦一隻を撃沈するには、爆弾投下前に一機も撃墜されることなくても、百六十機から二百機の艦攻を必要とするからであった。日露戦争や第一次世界大戦におけるジュットランド海戦の戦訓等から、自分と同級の敵艦を撃沈するには、自分の主砲弾平均十六発の命中を必要とする計算が出ていた。

長門《ながと》型（アメリカの場合は、コロラド級）戦艦を撃沈するには、長門型の主砲四〇サンチ砲弾十六発の命中を必要とする意味である。そうなれば、第一、第二航空戦隊の艦攻全部九十機（各機八〇〇キログラム徹甲爆弾一発搭載）をもってしても、一隻も撃沈することはできない」からだと。

こうして源田中佐は攻撃の重点を雷撃におき、次いで急降下爆撃においた。しかし、いずれにしても、この作戦の成否が雷撃の結果いかんにかかっていることを強調していた。

源田案に若干手を加え、大西少将が山本長官に計画書を手渡したのは四月初めである。もちろん実行案ではなく、計画の準備資料といってもいい内容のものだった。

源田案と大西案で大きく違っているのは、雷撃できない場合でも艦攻は六十キロの小型爆弾（一機六発）を搭載して水平爆撃を敢行するということだった。大西少将は、真珠湾に停泊する米艦艇の周りには雷撃を防御する防御網が張りめぐらされている可能性が強く、雷撃は効果が期待できないという危惧《きぐ》が強かったからである。さらに、急降下爆撃機から投下する爆弾では戦艦の装甲甲板を撃ち抜けるかどうかも疑問だったから、小型爆弾をたくさん搭載した艦攻の水平爆撃によって、巡洋艦や駆逐艦などの補助艦艇を攻撃しようというのである。そうすれば、「大西少将の考えでは、たとえ戦艦に致命傷を与えることができなくても、手足となる補助艦艇の大部を失えば、主力部隊も行動できなくなるだろうという計算」(『真珠湾作戦回顧録』)であった。

大西少将から届けられた原案に目を通した山本長官は、源田中佐の戦後の回想によれば、その際、もし水深等の関係で雷撃ができないならば、所期の効果を期待し得ないから空襲作戦は断念するほかはあるまいと言ったという。

そのころ、連合艦隊司令部でも首席参謀の黒島亀人《くろしまかめと》大佐の命令で航空参謀の佐々木彰《ささきあきら》中佐が真珠湾攻撃の研究に入っていたが、まだ具体案は見ていなかった。そこで山本長官は黒島大佐と戦務参謀の渡辺安次《わたなべやすじ》中佐を長官室に呼び、真珠湾作戦の構想を打ち明けた。首席参謀の黒島はじっと考えていたが、「計画を進めるべきではないでしょうか」と賛意を表明する。

山本と大西の個人的構想に過ぎない真珠湾攻撃計画は、こうして連合艦隊の作戦計画へと拡大していく。同時に山本長官は大西案にさらに手を加え、大西少将に命じて初めて軍令部に持参させた。相手は四月十日付で連合艦隊参謀長から軍令部第一部長（作戦部長）に転じた福留繁少将である。

第一航空艦隊の誕生

そして、いまや真珠湾奇襲決行が信念化した山本五十六長官に僥倖《ぎょうこう》が訪れた。連合艦隊の再編成が決定したのである。航空機による雷撃の成果など、航空戦力の重要性がやっと海軍首脳に認識され、戦術単位に分散していたそれまでの航空戦力を大規模な戦略単位に統合し、本格的な空母主体の艦隊を編制することになったのだ。昭和十六年四月十日に編制された第一航空艦隊がそれだった。

編制の概要は次のようである。

第一航空戦隊＝赤城・加賀、第七駆逐隊
第二航空戦隊＝蒼龍・飛龍、第二十三駆逐隊
第四航空戦隊＝龍驤、第三駆逐隊

その後、最新鋭の空母「翔鶴《しょうかく》」と商船改造の空母「春日丸」が就役したため、九月一日発動

の戦時編制ではこの二隻と駆逐艦「朧《おぼろ》」「漣《さざなみ》」によって第五航空戦隊が編成され、第一航空艦隊に編入される。

さらに九月下旬に「翔鶴」の姉妹空母「瑞鶴《ずいかく》」が完成したところで、「春日丸」は第四航空戦隊に編入され、「瑞鶴」が第五航空戦隊に入るのである。こうして編制が完了した第一航空艦隊の、昭和十六年十月一日現在の陣容は次のようであった。

航空戦隊名	**母艦名**	**駆逐艦隊名**
第一航空戦隊	赤城・加賀	第七駆逐隊
第二航空戦隊	蒼龍・飛龍	第二十三駆逐隊
第四航空戦隊	龍驤・春日丸	第三駆逐隊
第五航空戦隊	翔鶴・瑞鶴	朧　秋雲

この空母を集中運用する世界初の機動艦隊の司令長官には水雷戦術の権威である南雲忠一《なぐもちゆういち》中将が就任し、参謀長には第二十四航空戦隊司令官だった草鹿龍之介《くさかりゆうのすけ》少将が就《つ》いた。そして司令部の主要職員は次のようになった。

首席参謀　大石保中佐
航空甲参謀　源田実中佐

航空乙参謀　吉岡忠一少佐
航海参謀　雀部利三郎中佐
通信参謀　小野寛治郎少佐
機関参謀　坂上五郎機関少佐
機関長　田中実機関大佐

ところで、この第一航空艦隊＝一航艦の編制は真珠湾攻撃実施のために決定されたわけではなかったが、前記の源田案にもあるように、真珠湾攻撃のような大規模作戦には航空戦力の集中投入は不可欠である。新編制の一航艦は、まさにハワイ攻撃にはうってつけの機動艦隊だった。

元来、母艦の各飛行隊は空母単位で行動し、指揮権は艦長にあった。そして戦隊として行動するときは、空中の飛行機は航空戦隊司令官の指揮下に入る。しかし、それまでの航空戦隊は各艦隊に分かれていたために、二個戦隊以上の飛行隊が統一指揮のもとに行動するということはなかった。だが、一航艦の誕生で各母艦の飛行隊はすべて艦隊司令長官の統一指揮下で、演習から実戦にいたるまで協同行動を取ることになったのである。

真珠湾攻撃にうってつけの艦隊はできた。しかし、計画が作戦の決定権を持っている軍令部の承認を得て、大機動部隊が日本の各港を出航するまでには、まだ、さまざまな紆余曲折《うよきょくせつ》がある。だいいち軍令部の福留第一部長をはじめとする主要職員は、連合艦隊の真珠湾攻撃案には反対の態度をとっていたからだ。あまりにも危険が多すぎるというのである。

テレビ東京がまだ「東京12チャンネル」といった時代の長寿番組に「私の昭和史」という番組があった。インタビュアーは三国一郎氏である。海軍中将で終戦を迎えた福留第一部長は、その番組でこう話している。

「当時の軍令部は、ハワイ作戦に対しては、『非常にむずかしい作戦で、これまで日本海軍は長途の遠征ということは考えてない、従って船もそういう具合にできてない。アメリカでも、リチャードソンという非常に思慮深い司令長官がハワイにおって、ハワイの周囲を絶えず見回っているわけですが、哨戒距離を三〇〇から六〇〇マイルに延ばしたと、国内じゃもうスパイの目が網の目のように張られているような状況でありますし、それでうまく秘密を保ってハワイまでとっつけるかどうか、とっついても逆に早くこっちが攻撃を受けることにならないか、もしそういうことになれば、いちばんたいせつな日本海軍の虎の子が開戦劈頭やられてしまうと。それだけのリスクをおかしてまでもやっていい作戦であろうかどうか』というので、軍令部としては迷ったわけです」（同名の旺文社文庫版）

アメリカに漏れた真珠湾奇襲構想

連合艦隊の山本五十六司令長官が真珠湾攻撃の具体的作戦を模索しはじめたとき、実はアメリカ側に秘密が漏れそうになっていた。

山本大将が大西瀧治郎少将に真珠湾攻撃の検討を命じて間もない昭和十六年一月二十七日、東京で在日外交官たちも出席したあるカクテル・パーティーが開かれていた。アメリカ大使館のE・S・クロッカー一等書記官の姿も見えた。

宴もたけなわになったころ、ペルー公使のR・R・スクライバー博士がクロッカー一等書記官に歩み寄ってきた。博士は日本の上流階級とのつきあいも深いベテランの在日外交官だったから、クロッカー書記官も顔なじみだった。

スクライバー博士は、クロッカーに囁《ささや》くように言った。

「東京の外交官仲間の間に、こんな噂が流れていますが……」

クロッカーは〈まさか?〉とは思ったが、スクライバー博士からの情報を急いでジョセフ・C・グルー駐日大使に報告した。グルーはただちに国務省に報告電を発した。

「ペルー公使が当大使館の一員に、いくつかの出所から聞いた話として、もし日米間の交渉が決裂すれば、日本は全力を挙げてパール・ハーバーに奇襲攻撃を加えるだろうということを伝えた。ペルー公使は、この噂は架空のものかもしれないが、とにかく当大使館の一員に伝える価値はあると思い、そうしたということである」

グルーは日本でも戦後に翻訳出版された日誌『滞日十年』(毎日新聞社刊)の一九四一年一月二十七日の項にも書いている。

「東京では日本が米国と断交する場合、大挙して真珠湾を奇襲攻撃する計画を立てているという意味の噂が、さかんに行われている。私がこれを米国政府に報告したことは勿論である」

ワシントンの国務省はグルー大使からの電報を海軍の情報部に回し、「電報の内容を検討の上、情報部の見解を聞きたし」と、但し書きをつけた。

ところが海軍情報部の専門家たちは一笑に付した。その上、「噂」はスクライバー博士とやらの架空話だろうということで意見が一致したという。

「いくらなんでも、日本がそんな馬鹿げた自殺行為をやって合衆国に挑戦するとは思えない」

というのだった。

グルーの報告書ではまったく触れられてはいなかったが、真珠湾奇襲計画の噂はペルー大使館の日本人女性スタッフからスクライバー博士に伝えられたもので、その女性職員は彼女の恋人の運転手から聞いたということだった。

二月一日、海軍情報部極東課長のA・H・マッコラム中佐は国務省に報告書を提出した。一時、ノックス海軍長官の顧問をしていたこともあり、戦時中は米海軍情報部特殊戦争課に勤務していた戦史研究家のラディスラス・ファラゴの『盗まれた暗号』（堀江芳孝訳・原書房刊）によれば、その報告書にはこんなことが書いてあった。

「海軍情報部は、この種の噂には信を置かない。更に日本陸海軍の現在の兵力配置や兵力使用についての資料を基礎に考えるとき、パール・ハーバーに対して、近い将来にそのような切迫した動きが計画されているとは思われない」

架空の噂話と判断はしたが、万が一のこともあると不安になったのか、マッコラム中佐は同じ二月一日に、太平洋艦隊司令長官に就任したばかりのハズバンド・E・キンメル大将にも伝えている。しかし報告書には「海軍情報部はかかる流言には信を置かず」という評価が付されていた。

このときキンメル大将の情報参謀として真珠湾にいたエドウィン・T・レイトン中佐（のち少将）は、かつての上司であるマッコラム中佐からの報告書を読んで首をかしげた。レイトンは回顧録に書いている。

「その情報がカクテル・パーティーで聞き込んだ噂話だったにしても、そう簡単に否定してしまうのは、当時の戦争計画部が『もし日本と戦争になれば、真珠湾海軍基地の太平洋艦隊に対する奇襲で戦端が開かれることは十分にありうる』と憂慮していたことを考えると、驚くべき

ことだった」（『太平洋戦争暗号作戦』毎日新聞外信グループ訳・刊）

ハワイに潜入したスパイ森村正

開戦劈頭《へきとう》、日本軍は真珠湾を奇襲攻撃する――という東京情報を、アメリカの海軍情報部が架空の噂話として処理してくれたことは、これから真珠湾奇襲攻撃を具体化しようとしていた山本五十六長官にとっては、これ以上の僥倖《ぎょうこう》はなかった。もちろん真珠湾奇襲計画の情報が太平洋上を飛び交っていたことなど山本は知る由もなかったが、もしアメリカが、万が一を警戒して真珠湾の防衛・警備体制を強化していたとしたら、歴史はかなり違ったものになっていたに違いない。そして軍令部は「諜報員・森村正《もりむらただし》」をハワイに潜入させることを中止したかもしれない。

その森村正こと吉川猛夫《よしかわたけお》予備少尉は、まさに米海軍情報部がグルー駐日大使の「真珠湾奇襲情報」に対して架空の噂と結論づけたそのころ、八カ月余に及ぶ準備を終え、やっとのことで「三月二十日横浜出帆の新田丸に乗船予定」という内命を受けていた。

森村正名義の公用旅券とアメリカ入国のビザも届いた。吉川は身辺整理と出発準備に追われた。下着から洋服まですべて新調した。ワイシャツや洋服には洗濯屋がつけた「吉川」といったネームが書き込んであったからだ。大型トランクも買い、偽名の「T・M」というイニシアルも書き込ませた。

吉川は回想録『東の風、雨』に書いている。

「軍令部第三部直属のT大佐のもとに、準備完了の報告にゆくと、手の切れるような百ドル紙幣六枚を当座の活動費用として渡されたが、これはハワイに着いてから使用するように注意があった。横浜正金銀行で円を外貨に替えうる限度は、一人五十ドル（一ドル四円）であったから、この六百ドルは腹巻きに入れて、かくし持った。

すべての準備は終わった。あとは人事を尽くして天命を待つのみ……」

森村正外務書記生こと吉川猛夫少尉

昭和十六年三月二十日午後二時、一年前の三月に竣工したばかりの豪華客船「新田丸」（一万七一五〇トン）は静かに横浜のメリケン波止場を離れた。そして一週間後の三月二十七日の午前八時半（現地時間）、ホノルル港の第八桟橋に着岸した。
吉川はデッキに出て岸壁を見下ろした。人混《ひとご》みからやや離れてタラップを降りてくる乗船客たちを注視している三、四人の一団がいる。吉川はハワイ総領事館の人たちに相違ないと思った。

吉川はゆっくりとタラップを降り、一団の前に歩み寄った。

「森村です」

吉川は軽く会釈した。中年の男が笑顔を作って手を差し出した。副領事の奥田乙治郎《おくだおとじろう》だった。

「やあ、いらっしゃい。どうもご苦労さん」

「よろしくお願い申し上げます」

吉川は総領事館の自動車に乗せられ、ヌアヌ街の中腹にある総領事館に直行し、総領事の喜《き》多長雄《たながお》に着任の挨拶《あいさつ》をした。

喜多はもともと中国通として知られ、外務省内では〝大人《たいじん》〟のニックネームで通る腰の座った外交官として定評があった。外務省は「森村正」を送り込むにあたって、この大人に目をつけ、吉川の着任直前に広東総領事から抜擢《ばってき》し、ハワイに送ったのである。広東では海軍諜報部とも密接に連絡を取り合って情報収集を行っていた、四十七歳のベテラン外交官だった。肥満短軀《たんく》、一見しただけで豪放磊落《ごうほうらいらく》な喜多は、広東総領事時代に部下や外部の接待で数万円の借金を作り、ハワイ着任後も広東総領事館に返済を続けたという型破り外交官でもあった。

「森村正」の挨拶を受けた喜多は、笑みを浮かべてさらりと言った。

「吉川君だろう、わかってる。面倒は見てあげるから、存分に働きたまえ」

こうして喜多と吉川のコンビによる情報収集戦は始められた。もちろん領事館で「森村正」の正体を知らされていたのは、喜多総領事と副領事の奥田だけだった。

吉川は翌日からタクシーで島めぐりを始めた。目立ってはいけないので変装をしたり、目先を変えるなどの工夫もこらした。そして四日に一度くらいの割合で真珠湾の横を通り過ぎ、湾内に碇泊する艦船の種類と隻数をメモし続けた。

そうしたある日、喜多総領事が「島内見物も飽《あ》きたろう、いいところに案内しよう」と、一軒の日本料亭に吉川を案内した。現在は「夏の家」と名前を変えているが、当時は「春潮楼《しゅんちょうろう》」といい、総領事館から北東に車で十分足らずのアレワ・ハイツの丘の中腹にある。ホノルルのダウンタウンからなら五分あまりの距離である。喜多総領事や吉川予備少尉たちが出入りしていたころは、吉川と同郷の四国・松山出身の女将《おかみ》・藤原タネヨさんが取り仕切っていた。

前掲の『東の風、雨』は、こう記している。

——車は暗夜のヌアヌ街を上り、左折してアレワ高地の春潮楼についた。

喜多長雄ホノルル総領事

ホノルルの旧「春潮楼」の「夏の家」（1990年12月9日・著者撮影）

「おや、お珍しい。総領事さん、お連れの方は？」

「森村君だ」

「ああ、この間来られた方？」

ママさんは、私たちを二階座敷に招《しょう》じて、あらためて挨拶した。

開け放たれた座敷から南西に見える灯《ひ》は、真珠湾だ、ヒッカム飛行場だ。私は〝ふうん〟と唸《うな》った。

「おい、森村君、今時分、下の座敷にFBIがつけて来ているかも知れないぜ」

「ははは……」

二人は痛飲した。

「時に、総領事、島巡りをやりましたか？」

「いや、先日もFBI隊長のシーバス氏がやってきて、島巡りをやったか、ときいたから、

夏の家の宴会場の窓から眺めた真珠湾。吉川少尉は、この宴会場の窓際に設置された観光用の望遠鏡で真珠湾に停泊する米艦艇を監視していたという。（1990年12月9日・著者撮影）

君に尾行されるのがいやだから、どこへもでない、といってやったら、そんなことはありません、どうぞどうぞ、といっていたよ」

「わはは……」

爆笑しながらハイボールを傾けるうちに、〆香姐《しめかあね》さんを先頭に花子、ミー子、お絹と、きれいどころが和服姿で現れた。

さすがに〆香姐さんは、新橋に留学した芸者だけあって小唄の一つも弾《ひ》けるというが、武骨者の二人は呑むことよりほかに芸はなかった。

話上手で遠慮のおけない喜多さんにつられて賑やかな座敷となってしまった。（中略）私は、この絶好の場所に来るためには、まず第一に彼女たちと仲よくならなければならないこと、第二には度々訪れる口実をもうけなければならないことだと思案していた。夜もふけて、眼下の真珠湾は静かに眠っていた――。

こうして春潮楼の二階座敷は、密偵・森村正の真珠湾偵察のためにはなくてはならない場所となった。同時にここで酒を飲み、芸者と語ることは、森村の行動をカムフラージュするかっこうの隠れミノとなった。

平成二年（一九九〇年）十二月八日、ハワイでは七日の午後、私はハワイ大学教授の案内で、いまは「夏の家」と名前を変えている「春潮楼」を訪れた。日本人の教授はお馴染みさんらしい。

日本軍のハワイ攻撃は真珠湾の艦艇や飛行場、基地の施設に限られていたから、春潮楼は戦災に遭うこともなく、日本建築の姿をとどめていた。聞けば建物も部屋の間取りも昔のままだという。喜多総領事や吉川たちが芸者とたわむれた二階の大広間に入ると、眼下にホノルルの街がパノラマ的に広がっていた。広間の正面の窓からはヒッカム空軍基地や真珠湾が一望のもとに眺められる。キラキラ陽光に輝く軍用機の機体が肉眼ではっきり見える。

「昔は、この正面の窓の樹なんかもそれほど大きくなかったし、周辺の住宅もあまりなかったですから、そりゃあ眺めが良かったです。ええ、真珠湾も今よりずっと良く眺められましたよ。それに、その正面の窓のところに大きな望遠鏡が設置されてましてね、真珠湾なんか手にとるように見えたもんです。望遠鏡ですか？　お客さんへのサービスのために備え付けてあったん

1941年当時のホノルルの日本総領事館。

です」

戦前の「春潮楼」時代からよく出入りし、現在も「夏の家」で働いているタツ子さんは感慨ぶかげに話す。タツ子さんは一九八三年に九十六歳で亡くなった女将の藤原タネヨさんの姪《めい》にあたる。しかし、森村についてのタツ子さんの記憶は「領事館の書記さん」といった記憶しかないという。タツ子さんが知っている森村のエピソードの多くは、戦後、叔母のタネヨさんから折りに触れて聞かされたものである。

「昼ごろによくやって来たそうよ。『ママ、来たよ』といって入ってきて、ママが『どうぞ二階へ行ってお休み下さい』というと、スタスタ望遠鏡のあるいつもの座敷に上がっていったそうです。

昼間から座敷に上がって昼寝でもしているの

かしら、それとも読書かしら……、ママにもよくは分からなかったが、よく備え付けの望遠鏡を覗《のぞ》いていることだけは分かったそうよ。あとで（戦後）知ったんですが、毎日ああして真珠湾の軍艦を調べていたんですね。

よくお酒を飲み、馬鹿騒ぎをしていたそうです。また、ときどき芸者さんを二人ぐらい連れてはハワイ島へ飛行機で遊びに行っていたともいいますね」

この遊覧飛行は、吉川氏の手記によれば「上空偵察が目的」で、真珠湾やヒッカム基地などの道路からは見えない場所を視察することで「目標確認の状況、攻撃侵入時の目標の選定、上空気流の状況などを判断するのに役立った」という。

こうして集めた情報を、吉川は喜多総領事名で東京へ暗号打電した。ホノルル総領事館が昭和十六年一月一日から十二月七日までの十一カ月間に東京へ打電した暗号電のほとんどは軍事情報であった。ちなみに吉川の第一信は五月十二日発電で、第七十八番電である。そして最後が十二月六日の第二百五十四番電だった。つまり二百十日間に百七十六通を発電したことになり、その八〇パーセントが軍事情報であったという。

五月十二日発電の吉川の第一信は次のような内容だった。

○発ホノルル　喜多総領事

宛　東京　外務大臣

一九四一・五・十二
十一日真珠湾在泊艦艇左の通り
一、戦艦十一隻（コロラド、ウェストバージニア、カリフォルニア、テネシー、アイダホ、ミシシッピー、ニューメキシコ、ペンシルバニア、アリゾナ、オクラホマ、ネバダ）
重巡五（ペンサコラ型二、サンフランシスコ型三）
軽巡十、駆逐艦三十七、駆逐母艦二、潜水母艦一、潜水艦十一、輸送船その他合わせて十数隻
二、空母レキシントンは駆逐艦二隻を伴いオアフ島東岸沖を航行中

『東の風、雨』によれば、七月ごろまでは、この種の真珠湾在泊艦艇報告は十日に一度くらいの割合で報告していた。当初はもっと頻繁に報告していたが、「機密保持上、艦艇報告は十日に一度でよろしい」と叱られたからという。

「日米諒解案」と野村外交

日本国内では第一航空艦隊が編制され、大西瀧治郎少将が真珠湾攻撃の計画案を持って軍令部を訪れたころ、前記のように米太平洋艦隊の動静を探るため「スパイ森村正」はハワイに行

日米交渉を続ける野村駐米大使（左）とハル国務長官。

った。呼応して、日本の外交も千変万化の様相を呈してきた。

北部仏印進駐に続く日独伊三国同盟締結ですっかり冷え切ってしまった対米関係を立て直そうと、松岡洋右外相はこの年、昭和十六年の二月、ルーズベルト大統領とも交友がある元外相の野村吉三郎海軍大将を駐米大使に任命し、着任させていた。

野村大使は三月八日からコーデル・ハル国務長官と交渉を開始したが、一方で、ニューヨークのカトリック伝道教会の二人の神父、ドラウトとウォルシュが日本の産業組合中央金庫理事の井川忠雄と軍務局軍事課長だった岩畔《いわくろ》豪雄《ひでお》大佐が進めていた、民間レベルの日米協定案づくりにも関心を示していた。

のちに「日米諒解案」として知られることになる岩畔・井川・ドラウトらが進めているこの日米協定の草案づくりについては、ルーズベルト大統領やハル国務長官など米国首脳も知っていた。しかし、ハル国務長官はもちろん、ホーンベック政治顧問やハミルトン極東部長らは最初からこの秘密工作に懐疑的で、とくにドラウト師には信用をおいていなかった。

ともあれ、野村大使が岩畔・ドラウトたちがまとめた「日米諒解案」をハル国務長官に正式に提示したのは四月十六日である。そして野村大使はハル国務長官との会談後、諒解案を外務省に電送してきた。

その内容は日中の協定による日本軍の中国からの撤退、中国の満州国承認、蔣介石政権と汪精衛政権の合流などを条件に、アメリカが日中間の和平に乗り出す。また、日本が武力による南進策をとらないことを条件に、日本の南方資源獲得にアメリカは支持と協力を与え、日米通商関係も正常化する。そして、これらの案件が合意できれば、全般的な日米問題についてはハワイのホノルルで近衛・ルーズベルト会談を開き協議する、としている。

日米諒解案は日本にきわめて有利な条項が並んでいた。近衛首相は喜び、軍部もアメリカとの衝突を避けて国力の充実をはかるために、この諒解案に沿って交渉を進めることに気乗りを見せた。

ところが、外務省に送られてきたのは「日米諒解案」の内容だけで、ハル国務長官との会談の内容はすべて脱落していた。ハルは野村が「日米諒解案」を正式に提示する二日前の四月十四日、野村を私邸のウォードマン・パーク・ホテルに呼んでただしている。

「大使自身、この試案の作成に関与されたと聞いているが……」

野村は作成に関与したことを認め、この試案を日米交渉のたたき台にしたいと言った。さらに、「まだ本国政府には報告していないが、政府も受諾すると信ずる」とも加えた。

ハルは言った。

「交渉に入るに先き立って、中国の主権尊重、中国における機会均等などの原則的問題について明確にしたい点があるから、これらを貴国政府に照会されたく、その上で交渉の基礎があるかどうかを判断してもらいたい」

アメリカにすれば、日本政府が中国の主権を認めて本当に兵を撤退させる意志があるのかどうか、そして試案の内容を全面的に承認する気があるのか、それを確認できないうちは交渉に入っても無駄であるという態度なのである。だからハルは、野村が四月十六日に本国政府の承認のない日米諒解試案を提示したとき、交渉の前提となるアメリカ側の「四原則」を突きつけたのである。

一　あらゆる国家の領土保全と主権尊重

二　内政不干渉

三　機会均等

四　平和的手段によらぬ限り太平洋の現状不変更

そして、日本政府がまずこの四原則を受諾し、諒解試案を承認して、これを正式に提案すれば会談を始める基礎としてもよいといい、さらにハルは、とにかく日本が征服と侵略政策を放棄して平和的な原則に返ることだと力説した。要するにアメリカは、日米諒解試案を元にした交渉は一にも二にも日本側の態度にかかわっていることで、アメリカはこの試案にはなんらとらわれないと言っていたのである。ところが、日本の外務省に送られた駐米大使館からの電文には、交渉の大前提となるべき「四原則」も、アメリカ側の真意も付記されていなかった。

それどころか野村は、戦後の回顧録にも書いているように「予《かね》てから内面工作をやり、米国側の真意を探って居った次第であるが、長官に於ても大体異存がないやうに確め得たので」(『米国に使して』岩波書店刊)試案をまとめ、提示したのだといい、外務省には、あたかもアメリカ側も了解しているかのような報告を送ったのだった。のちにハルは「野村の英語力ははなはだしく貧弱だったから、どれほど理解したか不安を感じた」と述懐しているというから、野村の〝ウソ〟には悪気はなかったのかもしれない。

結局、この日米諒解案は松岡外相の反対で大幅に修正され、五月十一日に野村大使を通じてハル国務長官に提出された。松岡修正案では三国同盟に盛られた軍事援助義務を確認し、逆に日中の和平条項と南方の資源獲得のため武力には訴えないという条項などが削られていた。アメリカにとって、日中和平も重要課題ではあるが、最大の目的は日独伊三国同盟の死文化であったから、日本の軍事援助義務の確認や南方武力進出を臭わせるような修正案など検討に値するものではなかった。しかし交渉はその後も続けられる。修正案がぶっつけあわされ、そして日米の距離がますます広がるなか、いたずらに時間だけが過ぎて行くのである。

対ソ参戦論と南部仏印進駐

野村大使がハル国務長官に日米諒解案を提示する三日前の昭和十六年四月十三日、ヒトラー、ムソリーニと会見した松岡外相は、帰途モスクワに入り、領土保全と不可侵を盛り込んだ日ソ中立条約を締結させていた。ところが六月二十二日、ドイツは独ソ不可侵条約を無視して突如ソ連に銃口を向け、独ソ戦が勃発《ぼっぱつ》した。ソ連と中立条約を結び、北方を安定させて南進策を推し進めようとしていた日本政府には大きな衝撃であった。

陸軍内部などからは、この際ドイツを援助してソ連を倒すべきであるという意見や、関東軍を増強して対ソ参戦すべきであるという意見まで飛び交った。昭和天皇の言葉を借りれば、四月にドイツから帰国した後は「別人の様に非常に独逸びいきになった、恐らくは『ヒトラー』に買収でもされたのではないかと思はれる」(『昭和天皇独白録』)松岡も、独ソ開戦の報に接するやいなや参内《さんだい》し、天皇に「ドイツと共同してソ連を討つべし。イルクーツクまで兵を進めたら」と言った上奏をしている。もっとも松岡の上奏は、木戸幸一内大臣の〝事前工作〟でことなきを得ている。

その日、六月二十二日の午後二時、日曜で自宅にいた木戸は鈴木貞一《すずきていいち》企画院総裁から独ソ開戦の電話連絡を受けた。ただちに参内した木戸に、松岡外相から独ソ開戦について拝謁《はいえつ》したい旨の電話が入る。木戸は秘書官に「松岡が来たら待たしてくれ」といい置き、松岡に先立って天皇に拝謁を願い出た。

日ソ中立条約を締結してスターリン首相と腕組みをする松岡洋右外相（1941年4月13日）。

当時、ヒトラーやムソリーニに会い、日ソ中立条約を結んで帰った松岡は、近衛首相など頭から無視して、あたかも自分が総理大臣であるかのような振る舞いをしていた。もし今日、松岡に独断で対ソ参戦論などを上奏されたら陛下としてははなはだ困る。「いけない」ともいえないし、「いい」ともいえない。そこで、もし松岡が拝謁して対ソ参戦論を上奏したときは、陛下に「総理とよく相談しなさい」と言ってもらいたかったからである。

『木戸幸一日記』には、こう言上したとある。

「独蘇《どくそ》開戦の場合、我国の執《と》るべき態度方針については外相の意見は必しも首相の意見に一致せざる様見受けられる、而《しこう》して今回の問題に対する我国の処置は国運の将来に重大なる影響を与《あた》ふるものなれば、外相本日の拝謁に当りては種ヽ之が対策につき見解を申上ぐべきも、右については首相と相談済《ずみ》なりや、今回の事件は極めて重大なれば充分首相と協議すべしとの意味を仰せ戴き度く、首相中心の御心構《おこころがまえ》を御示し願い度《た》し、甚《はなは》だ差出《さしで》がましけれども言上す」

松岡の拝謁は午後五時半から行われた。しかし、天皇自身、松岡を信用していなかったから、木戸の言上どおり近衛と充分協議して決めるよう松岡にいい、退出させている。そして松岡の拝謁後、天皇は木戸を呼んで松岡の奏上の感想を漏《も》らした。

「松岡外相の対策は、北方にも南方にも積極的に進出する結果となる次第にて、果して政府、統帥部の意見一致すべきや否や、又、国力に省《かえり》み、果して妥当なりや等につき、すこぶる御憂慮あそばさる」(『木戸幸一日記』)

天皇の意外に厳しい態度に反省したのか、その夜、松岡は近衛首相に面会して「本日拝謁のさい言上したのは、将来の見通しを申し上げたもので、ただちに実行する意味ではない」と弁解している。だが、天皇の松岡に対する堪忍袋《かんにんぶくろ》の緒《お》はこの日で切れてしまった。天皇は『独白録』で言っている。

「松岡はソ連との中立条約を破る事に付いて私の処《ところ》に云《い》って来た、之《これ》は明かに国際信義を無視するもので、こんな大臣は困るから私は近衛に松岡を罷《や》める様に云ったが、近衛は松岡の単独罷免を承知せず、七月に内閣ゝ僚刷新を名として総辞職した。

松岡の主張はイルクーツク迄《まで》兵を進めよ――と云ふのであるから若《も》し松岡の云ふ通りにしたら大変な事になったと思ふ。彼の言を用ゐなかったは手柄であった」

陸軍の参謀本部を中心にした対ソ戦派＝武力北進論に対し、海軍には既定方針通りの武力南進論が多かった。それは、アメリカの石油禁輸政策は日本海軍にとって致命的な意味をもっており、たとえ対米戦争になっても蘭印《らんいん》の石油を確保すべきである。それにはまずタイ、南部仏印に武力進出して前進基地を築き、蘭印の資源獲得に踏み切るべきだという意見なのである。

日本はすでに昭和十五年九月から十一月までは小林一三《こばやしいちぞう》商相が、後任は元外相の吉沢謙吉《よしざわけんきち》が特派大使として蘭印に派遣され、オランダの蘭印政庁と石油や鉱物資源の輸入について交渉を行っていた。だが、六月六日に出されたオランダ側の最終回答は、日本にとって満足すべきものではなかった。ここに降って湧いたのが独ソ開戦であり、北進か南進かの論議であった。

松岡はあくまでも三国同盟を基本とした対ソ戦断行を主張し、参謀本部の一部にも同調する動きがあったが、陸軍省と海軍は断固反対の態度をとった。こうして六月二十五日の大本営政府連絡会議は、南部仏印に対する武力進駐を認めた「南方施策促進ニ関スル件」を決定し、天皇の裁可を得た。この「南方施策促進ニ関スル件」の要点は次の二項目である。

（イ）仏印特定地域に於ける航空基地及び港湾施設の設定、又は使用並びに南部仏印に於ける所要軍隊の駐屯。

（ロ）帝国軍隊の駐屯に関する便宜供与。

そして前二項について日本政府はヴィシーのフランス政府、または仏印当局と外交交渉を開始するが、「我が要求に応ぜざる場合には武力を以て我が目的を貫徹す」と銘記し、はっきりと武力侵攻を認めたのだった。

続いて七月二日、南部仏印進駐にそなえた大本営政府連絡会議は御前会議として開かれ、「情勢ノ推移ニ伴フ帝国国策要綱」を決定した。すなわち、対米英の戦備を整え、情勢の推移によっては「対米英戦も辞せず」というもので、対ソ戦に関してはその準備を整え、時期が到来すれば参戦するというものであった。

こうして大本営は松岡や陸軍の北進論をなだめる意味から、八十五万人を動員する関東軍特種演習（関特演）を認める一方、南部仏印進駐を強行するために第二十三軍（軍司令官・今村均《いまむらひとし》中将）と第二十五軍（軍司令官・飯田祥二郎《いいだしょうじろう》中将）に戦闘序列を下令した。同時に日本政府は加藤外《かとうそと》松《まつ》駐仏大使を通じてフランス政府に南部仏印進駐を強要し、日本軍は七月二十八日に第二十五軍の第一陣がナトランに上陸を開始する。続いて二十九日にはサンジャックへ、三十日にはサイゴンへと上陸したのだった。
この間、国内では五月十二日に日本が提示した日米諒解修正案に対するアメリカの対案が手交され（六月二十一日）、政府連絡会議は紛糾していた。アメリカは「ハル四原則」にもあるように、日本に第三国の領土保全と主権尊重を求める立場から、三国同盟にある日本の参戦義務をなくすよう求めており、日本の立場とは大きな食い違いをみせていた。

南部仏印進駐の日本軍。トラックを連ねて南仏印に展開する陸軍部隊。

さらにハルは、対案の提示にあたって、暗に松岡外相を非難する口上書も手交していたため、松岡は激怒し、口上書の撤回を要求した。しかし近衛首相も軍部も、南部仏印進駐を決めたこの段階でも、まだ日米交渉に望みをつないでいた。とくに近衛

カンボジア平原を進む日本の南部仏印進駐部隊。

は、三国同盟を一時凍結しても日米交渉をなんとかまとめたいと考えていた。それには松岡をなんとかしなければならない。できれば更迭《こうてつ》をしたいが、その場合は陸軍若手将校のクーデターが懸念される。結局、近衛は松岡を追い出すために七月十六日に総辞職し、翌々十八日、改めて第三次近衛内閣を発足させたのだった。そして外相には前内閣の商相豊田貞次郎海軍大将が就任した。

日本軍の南部仏印進駐は欧米各国を一挙に硬化させた。アメリカはフランスのヴィシー政権が日本の南部仏印進駐を承認した（七月二十一日）直後の七月二十四日、仏印の中立化案を提案し、翌二十五日には報復措置として日本の在米資産の凍結令布告を発令、イギリスは二十六日に日英通商条約を破棄してきた。

さらにアメリカは八月一日、対日石油輸出の全面禁止令を出し、日本へのA（米）B（英）C（中）D（蘭）包囲網をいっそう強めてきた。こうして日本の南部仏印進駐は、冷えきった日米関係を決定的なものにしてしまったのである。

ところで、六月二十五日の南部仏印進駐の上奏には近衛首相と永野修身《ながのおさみ》軍令部総長、杉山元《すぎやまはじめ》参謀総長の三人が参内している。参謀本部編の『杉山メモ』（原書房刊）によれば、席上、天皇は「最近の交渉に於て仏国側は我に対し好意を寄せて居ると思ふが、此の様な事をおしつけてどうか」といった疑念も口にしているが、「国際信義上どうかと思ふが、まあ宜《よろし》い」と、語尾を強くしながらも、意外と簡単に認めている。そのせいか、杉山参謀総長は上奏退出後の「所感」に、「先般軍令部総長と共に奏上せし時とは異なり、御上の御機嫌は御宜しかりしものと拝察す」と記している。

しかし、天皇は決して本心から賛成はしてはいなかった。『独白録』では「七月二日の御前会議では対ソ宣戦論を抑へると共にその代償の意味を含めて南仏印進駐を認めた」といい、こう続けている。

「八月頃〔正しくは七月〕丁度我が進駐部隊が海南島に集結中で呼び戻そうと思へば戻せる余裕のある時であったので私は蓮沼〔蕃《しげる》〕武官長を通じ、東條に対し国内の米作状況が極めて悪いから、若し南方からの米の輸入が止ったら国民は餓死するより外はない、進駐は止める様に言はせたが、東條は承知しなかった、かくして七月二十六日に発表された日本軍の南仏印進駐は遂に恐るべき対日経済封鎖といふ結果となったのである。

日本軍が南仏印に進駐すれば、米国は資産を凍結するといふ事は河田《かわだ》〔烈《いさお》〕大蔵大臣には判ってゐたが当時蔵相は連絡会議に加ってゐなかった為、意見が云へなかった、それに近衛は財政の事は暗いし結局私は軍部の意見しか聞く事が出来なかった、今から考へるとこの仕組みは欠陥があった」

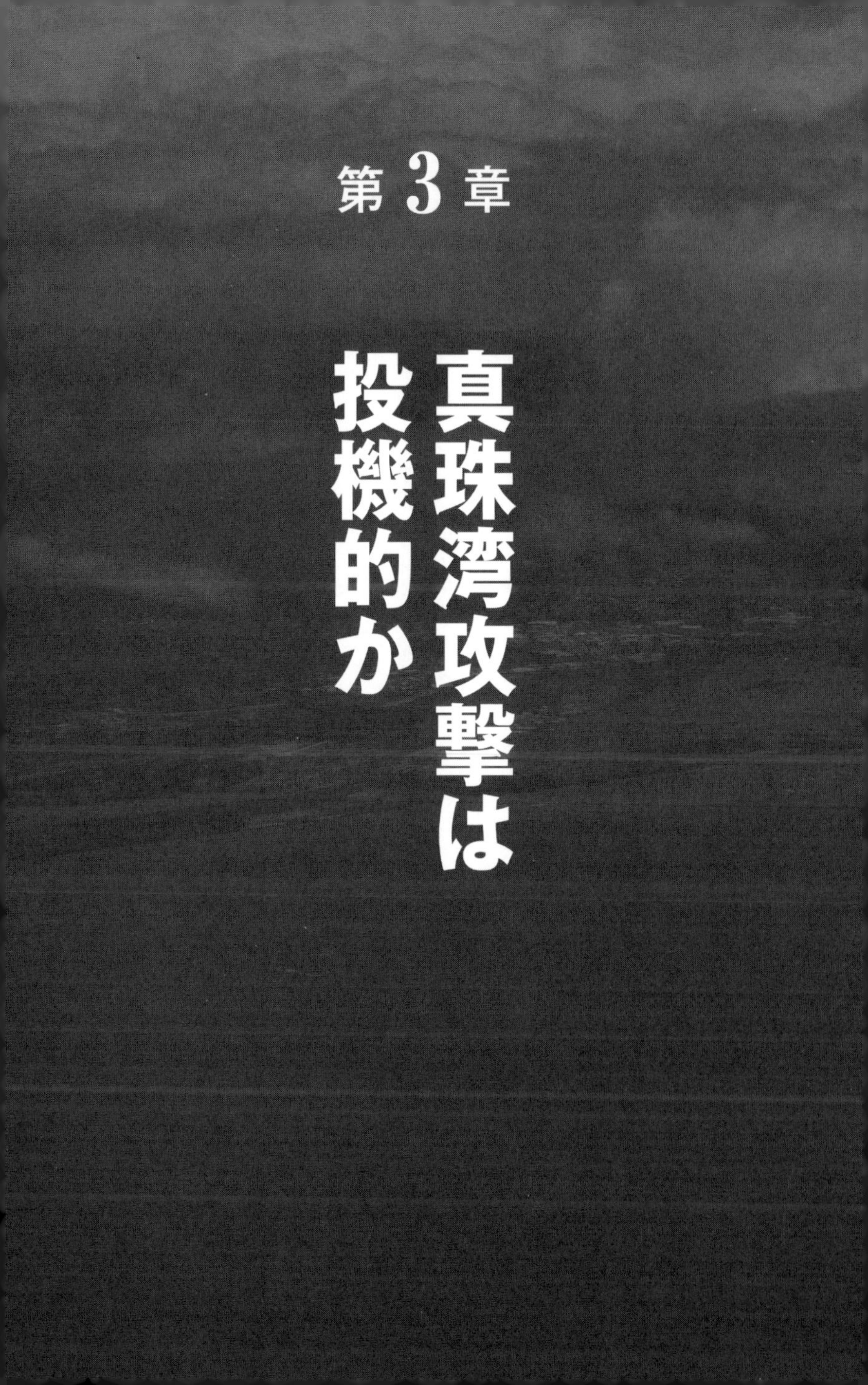

第3章

真珠湾攻撃は投機的か

軍令部と連合艦隊の対立

日本軍の南部仏印進駐後、米英蘭は対日経済封鎖に続いてフィリピン、シンガポールなどに続々兵力を増強していた。日本を取り巻く戦雲は日を追って強まり、いまや開戦は必至の状況になっていた。

福留繁少将の軍令部第一部ではすでに昭和十六年(一九四一年)六月から米英蘭に対する同時作戦計画の立案を開始していたが、そこには真珠湾攻撃は入っていなかった。連合艦隊司令部では、軍令部に再三にわたってハワイ奇襲作戦の採用を要求していたが、軍令部は相変わらず「危険が多すぎる」として首を縦に振らなかった。

米英の対日経済断交が発表された直後の八月七日、連合艦隊首席参謀の黒島亀人《くろしまかめと》大佐は、水雷参謀の有馬高泰《ありまたかやす》中佐をともなって軍令部に行き、対米英蘭作戦計画案の内示を求めた。だが、そこにはハワイ奇襲作戦は織り込まれていない。黒島は不採用を詰問すると同時に、強硬に採用を迫った。

山本五十六長官に抜擢《ばってき》される形で昭和十四年秋に連合艦隊の先任参謀に任ぜられた黒島は、海軍部内では変わり者で通っていた。艦内を素っ裸で歩いたり、いつ洗濯をしたかもわからないような下着を平気で着けている。日頃の素行だけではなく、作戦の発想にも奇想天外なところがあった。ハワイ奇襲作戦そのものは山本のアイディアとされているが、「好機を狙《ねら》い空母部隊を挺進させ、敵艦隊に対して奇襲攻撃を行う」という真珠湾攻撃の原型となるアイディアを出したのは、砲術畑を歩き、大艦巨砲主義のかたまりとも見られていた当の黒島だった。この黒島の「空母部隊による奇襲攻撃」案は、昭和十五年度の連合艦隊戦策としてまとめられ、同年度の連合艦隊の演習はこれに従って空母部隊による雷撃攻撃を実施している。

前記したように、山本は大西瀧治郎少将に真珠湾攻撃の作戦案の検討を命じるとともに、黒島ら連合艦隊の参謀にも検討を命じていた。黒島は航空参謀の佐々木彰中佐らを中心に検討を進めていたが、黒島が佐々木に指示した内容は次の三案の比較検討だった。

黒島亀人大佐（連合艦隊先任参謀）

①敵の警戒が厳重な場合を想定して、三百五十浬《かいり》（一浬は千八百五十二メートル。約六百四十八キロ）あたりから艦上爆撃機で敵空母のみを攻撃する。

②二百浬圏内まで接近して、全飛行機で一斉に攻撃を加える。

③艦上爆撃機のみの攻撃に絞り、片道攻撃を行

い、乗員は潜水艦で収容する。

そして佐々木の出した回答は②案であった。それは偶然にも源田中佐が作成した案と大筋で一致していた。それだけに、黒島にはハワイ奇襲作戦に対する自信と熱意があったのである。

軍令部の作戦室で第一課長の富岡定俊《とみおかさだとし》大佐と対峙した黒島は、ハワイ奇襲作戦を「採用せよ」、「採用できない」と激しくやりあった。防衛庁防衛研修所戦史室著の戦史叢書『ハワイ作戦』によれば、軍令部の反対理由は、おおよそ次のようなものであった。
①本作戦の成否のカギとなる企図秘匿《きとひとく》については相当の困難が予想される。したがって本作戦ははなはだ投機的なものである。
②このような大遠距離作戦には燃料の洋上補給が必要だが、冬期の荒れた洋上での補給は挫折《ざせつ》することもある。また空襲当日、敵艦隊が在泊していない可能性もあり、天候不良で空襲が実施できないこともあり得る。よってハワイ作戦は実行上不安な点が多く、成功の確算が立てられない。
③真珠湾は空域も狭く、水深も浅いので雷撃は相当困難であり、水平爆撃も命中率が低い。急降下爆撃では戦艦や空母に致命傷を与えられず、空中攻撃の効果は十分に期待できるとはいえない。
④わが方の基地航空が不十分なのと、飛行機の航続距離が足りない関係で、南方作戦には航空

母艦を是非とも必要とし、ハワイ作戦のために母艦兵力を割く余裕はない。また、下手をすると虎の子の兵力を失うか、初戦の重大な時期に重要な兵力を無為に遊ばせ、南方作戦をつまずかせる恐れがあり、さらに開戦前に機動部隊を進出させるため、もしこれが発見された場合、日米交渉に決定的な影響を与えることも考えられる。このような危険を冒《おか》してまでも真珠湾攻撃を強行する必要があるとは思えない。

これに対し、黒島参謀はこう反論した。

①企図秘匿はきわめて大切だ。これには万全を期す必要があるが、それぞれ方策があろうからそれほど心配せずともよかろう。

②もちろん本作戦にはいろいろ予測し得ない要素があって、投機的というか冒険的な作戦であることは認める。しかしながら、戦争に冒険はつきもので、冒険を恐れては戦争はできない。

③南方作戦上航空母艦が必要なことは判るが、しかし母艦がなくとも基地航空兵力と陸軍航空兵力とでやれぬことはなかろう。その場合、母艦を使うほど順調にいかぬことは当然であるが、南方作戦だけを考えずに対米作戦全体として考える必要がある。

④連合艦隊としては、ハワイ方面で睨《にら》みをきかせている米太平洋艦隊に対して打撃を与えておかなければ、南方作戦など落ち着いてやっておれない。南方作戦を成功させる前提としても、米艦隊主力を空襲しておく必要がある。南方作戦の途中でもし米艦隊が来攻した場合、南方

作戦を一時中止してこれを邀撃《ようげき》するといっても間に合わぬことが多いと思う。もし敵艦隊にマーシャル諸島の占拠を許し、敵がこれに多数の飛行艇を配備して構えられたならば、わが方の奪回は困難で、南洋諸島は次々に奪われてしまう。この苦境を避けるためにも、まず開戦劈頭、航空母艦部隊をもって米艦隊をたたいておいて、その後、同部隊を南方部隊に投入すればこれを促進することができよう――。

論争は平行線をたどったまま結論はみなかった。結局、双方ともお互いの主張を十分に検討し、作戦計画を練り直し、九月中旬に予定されている連合艦隊の図上演習の席で再考しようということで別れたのだった。

図上演習で敗れた真珠湾奇襲

連合艦隊の図上演習は昭和十六年九月十一日から二十日までの十日間、東京・目黒の海軍大学校で行われた。このとき真珠湾奇襲作戦は一般の図上演習とは別個に、九月十六、十七日の両日にわたって「ハワイ作戦特別図上演習」として、別室で一部の関係者だけで極秘裏に行われている。

すでに海軍では、この図上演習に先立って十月上旬の完成を目処《めど》に戦争準備を行う方針を決めている。そこで連合艦隊は八月末をもって、現在遂行中の訓練と中国戦線の作戦を打ち切り、

南雲忠一中将（第1航空艦隊司令長官）

九月一日には全面的な戦時編制を発令していた。その一方で、連合艦隊は軍令部の反対のなか、着々とハワイ奇襲作戦計画を進めており、八月十五日にはハワイ作戦をも想定した急速戦備実施命令を出して、各部隊に兵力部署に応じた訓練、作戦計画の研究を下令した。そして八月二十八日には、第一航空艦隊の源田実中佐を中心に、北方航路を通って真珠湾を奇襲するという「ハワイ奇襲作戦計画案」をまとめ上げていた。海軍大学校での図上演習は、この一航艦の計画案に沿って行われたのである。

図演には山本連合艦隊司令長官、南雲第一航空艦隊司令長官をはじめ、各参謀長、首席参謀、航空参謀が参加し、軍令部の福留第一部長、富岡第一課長と同部員が見学した。そして図演の戦果判定は、第一、第二航空戦隊を基幹とする第一航空艦隊（空母四隻）の空母は全滅とでた。

第一航空艦隊の航空乙参謀だった吉岡忠一《よしおかただかず》少佐（当時）は戦後、こう回想している。

「九月十六日、ハワイ作戦特別図演開始。一航艦はすぐ米軍哨戒《しょうかい》飛行艇に発見された。

宇垣参謀長（連合艦隊）の指導上の配慮により、

三回までは発見できないように無理にこじつけて審判したが、夜が明けてわが攻撃隊も発進したので、四回目の発見にとうとう日本艦隊発見の第一報を許した。

敵の攻撃に対しても種々制限して爆撃の効果が少ないように考慮して審判したが、それでも攻撃当日、空母四隻中二隻が撃沈され、二隻小破と判定された。そして攻撃翌日、残りの空母一隻が沈没、一隻水上勢力半減とされ、後刻、二隻は勢力復元の審判により、二隻撃沈ということになった。

図演と言うものはなかなか指導が難しいものである。今回のように青軍（日本艦隊）有利に指導すると情況が混乱し、何が何んだか判らなくなってしまうものである。私はハワイ攻撃作戦は、たいへん投機的で、警戒厳重のうえ反撃の力がある敵に対しては無傷で成功する算なしと思った」（増刊『歴史と人物』昭和五十六年九月発行「ハワイへの道程」）

機動部隊完敗とでた図演最後の日、吉岡少佐は別室を出る二人の長官を見ている。南雲の左肩に右手を置いて、いたわるように山本は、

「実戦では今回のように全滅することはないよ」

と慰めていたという。

こうして図演最終日の九月二十日に行われた研究会で、宇垣連合艦隊参謀長はハワイ作戦の戦果判定から第一航空艦隊の兵力は不足であり、すみやかに第五航空戦隊の「翔鶴」「瑞鶴」

を就役させ、第一航空艦隊に配属させることが必要であると「指導」した。

だが、前出の吉岡参謀の感想もそうだが、このハワイ奇襲作戦が計画に上ったときから、南雲司令長官や草鹿龍之介参謀長ら実働部隊の第一航空艦隊首脳は軍令部同様、ハワイ作戦には反対の態度をとっていた。ましてや図上演習で空母全滅という判定が出た。反対の気運は一層強くなっていた。

図上演習が終わったとき、第一航空艦隊内では航路に関する議論も行われている。南雲中将は源田案の北方航路には終始反対だった。

草鹿龍之介中将（第1航空艦隊参謀長）

南雲は源田に言った。

「図上演習では、海は時化《しけ》ないので北方航路を通れるが、実際にはそうはいかんよ」

南雲にすれば、計画立案者へのせいいっぱいの皮肉のつもりだったのであろう。だが源田中佐は、作戦を成功させるには北方航路以外にないと堅く信じていた。源田中佐は『真珠湾作戦回顧録』にも、この航路選定についてかなり詳しく書いている。

ハワイを攻撃するには三つのルートが考えられる。

その第一は南方航路である。日本の委任統治領である南洋群島（ミクロネシア）のマーシャルからハワイに向かうもので約二千浬（約三千七百キロ）、もっとも最短距離である。海も穏やかで航海には問題ない。しかし航行する船舶も多く、視界もきわめていいため発見される危険はもっとも多い。

第二のルートは後述する北方航路で、第三が第一と第二航路の中間を行くもので、安全と危険率もまた中間である。源田は第二ルートの北方航路を採《と》ったのである。

源田が北方航路を採った端緒は、大西少将に提出する素案をまとめているとき、海軍大学校時代に聞いた戦務教官有馬正文《ありままさふみ》大佐の講義の一節が「チラリと頭の中を走った」ことだという。

「冬期の北太平洋は、海が荒れて船の航行は困難である。そのため北太平洋を横断する商船は、西向きのものは、アラスカの南でベーリング海に入り、アリューシャン列島の北を通り、カムチャツカ半島の東を南に抜けて、再び太平洋に入るのを例とする」

源田は思った。開戦時期がもし冬ならば、商船の避難航路とは逆にアリューシャン列島の南を通ってハワイの真北から南方に進撃すれば、米軍が特に捜索網でも張らないかぎり、発見される公算は非常に少ないのではないかと。問題は冬の大時化のなかをはたして大艦隊が無事に通過できるかどうかだった。

源田中佐は『回顧録』にこう書いている。

「日本海軍の艦船は、西太平洋海面で邀撃作戦を行うことを建て前として計画設計されている。したがって航続力は、アメリカ海軍の艦などよりうんと短く、最も長い加賀、翔鶴、瑞鶴でも一六ノット、一万カイリで、一八ノットならば、八、〇〇〇カイリに過ぎない。これでは、会敵時戦闘速力で一日も走れば、たちまちにして洋上で立ち往生ということにもなりかねない。いわんや、蒼龍級にいたっては七、〇〇〇カイリ余りである。このために、何としても燃料の洋上補給ということが必要になってくる。航続力のうんと短い駆逐艦などに対しては、母艦以上に補給ということが重要問題になってくる」

洋上補給などの技術的問題は残っていたが、ハワイを奇襲するには北方航路以外にないと考えた源田は、南雲長官に北方航路を採《と》るよう進言した。南雲は言下に否定した。

「航空参謀、バカなことをいうものじゃない、北を通ろうとしても艦が歩けないよ」

「でも、他の航路を通れば、敵に発見されて奇襲などはできないし、こちらが全滅する公算も多いです」

「そこを、うまくやるんだよ。君は北、北というけれども、北を通れば、艦そのものが荒海で壊れてしまうよ」

源田はその後も機会を見ては南雲に北方航路の採用を主張したが、南雲は首を縦に振らない。

しかし、源田の信念は北方航路で動かなかったから、九月の図上演習を前に、彼は可能なかぎりの情報収集に奔走した。

そこでわかったことは、『回顧録』によれば次の三点だった。

①アメリカ艦隊の演習常用地域の調査によれば、真珠湾方面のアメリカ艦隊は、毎週月曜日に出港して金曜日午後から土曜日の間に入港すること。その行動海面はハワイ列島の南方海面に限られている。

②アメリカ艦隊の中でハワイ北方海面で演習した記録が残っているのは一件だけである。

③アメリカの哨戒機の主体は飛行艇であるが、常時哨戒をやっているのはハワイ列島の南方海面で、北方海面に対するものはほとんどない。

これらの諸情報から、源田は冬期の北太平洋海面が艦隊の作戦行動、なかでも大部隊の行動を許さないことから生じたものと判断した。常識の裏を行くのが奇襲の鉄則である。源田中佐が賛成者のいない北方航路を主張し続けたのは、この「まさか」に賭《か》けたのである。

連合艦隊内の内紛

海軍大学校での図上演習が終わった直後の昭和十六年九月二十四日、軍令部作戦室でハワイ奇襲作戦の採否をめぐる討議が行われた。軍令部からは福留第一部長、富岡第一課長と部員全

作戦会議中の山本五十六長官と幕僚。左端は宇垣纏参謀長、右端は渡辺安次戦務参謀。

員、連合艦隊からは九月一日付で伊藤整一《いとうせいいち》少将に替って第八戦隊司令官から転任した宇垣纏《うがきまとめ》参謀長と黒島、佐々木両参謀、そして第一航空艦隊からは草鹿参謀長と大石、源田の両参謀という顔ぶれである。

会議は福留第一部長の司会で進められた。第一航空艦隊は源田参謀が賛成なのは当然であるが、あとは草鹿参謀長をはじめ消極的で、むしろ反対のニュアンスが強かった。作戦が正式決定されれば、その実戦部隊の参謀長となる草鹿少将は「戦術的には見込みはあるが、戦略的、政略的には成功困難で、成否の鍵は敵の不意に乗じて奇襲しうるかどうかにある。それよりも南方作戦の兵力が足りない。むしろ南方に母艦兵力を集中して、すみやかに南方を片付けるほうが大局的に有利である」といい、はっきりと反対を表明したほどだった。

軍令部も第一課首席部員の神重徳《かみしげのり》中佐が「奇襲成功の算は相当あり、わが損害も大したことはあるまい。留意すべきことは補給の困難、失敗の場合の全作戦におよぼす影響や、雷撃が難しく、爆撃だけでは効果不十分な点である」と、条件付きながらもやや積極的な意見を述べただけで、他の部員はいずれも否定的か慎重論であった。奇襲作戦推進に積極的なのは一人、連合艦隊のスタッフだけだった。もちろん結論は出なかった。

最後に福留第一部長が言った。

「中央としては諸般の関係上、できるだけ早く開戦することとしたい。十一月二十日ごろを考えている。ハワイ作戦をやるかやらないかは中央で決める」

連合艦隊首席参謀の黒島亀人大佐は憮然《ぶぜん》たる表情で席を立ち、「軍議は戦わず、ですよ」とつぶやいた。

旗艦「陸奥」に帰った連合艦隊の参謀たちは、山本司令長官に会議のなりゆきを報告した。山本は会議が持たれたこと自体に不満で、参謀たちは大目玉を食った。

「だいたい、お前たちはハワイ攻撃をやらないで、南方作戦ができると思っているのか。誰が会議などやってくれと頼んだのだ？　戦《いくさ》は自分がやる。会議などやってもらわなくてよろしい」

連合艦隊司令部の参謀たちが大目玉を食っていたころ、鹿児島の鹿屋基地では極秘の会議が持たれていた。九月二十九日に行われたこの会議は、第一航空艦隊の南雲司令長官、草鹿参謀長、大石首席参謀、それに源田、吉岡両航空参謀の首脳が、第十一航空艦隊司令部の塚原二四三《つかはらにしぞう》司令長官と大西瀧治郎参謀長を訪問するかたちで行われた。議題はもちろんハワイ奇襲作戦の成否である。

一航艦側の意見は従来通りで、開戦劈頭このような一《いち》か八《ばち》かの投機的な奇襲攻撃は取り止めるほうが適当であるというもので、十一航艦側も同意見だった。そこで会議は、南雲・塚原両長官名で山本連合艦隊司令長官に意見具申することになり、両艦隊の草鹿・大西参謀長が山本長官を訪れることになった。

十月三日、草鹿と大西は一航艦の源田・吉岡両航空参謀を伴って空母「赤城」の艦上攻撃機二機に分乗、岩国航空隊に向けて出発した。連合艦隊の旗艦「陸奥」は山口県の室積沖に碇泊中のはずである。ところが、柱島湾口がはるかに見え出したとき、「陸奥」を先頭にした艦隊が単縦陣を作って南西に向けて航行中なのが視界に入った。一番機に吉岡参謀とともに乗っていた源田中佐は、すかさず操縦員に「佐伯航空隊に行け」と命じた。源田の勘《かん》であった。

こうして大分・佐伯の「陸奥」で行われた会議は、連合艦隊司令部からは山本長官と宇垣参謀長、それに黒島・佐々木参謀も同席したが、源田中佐と吉岡少佐は別室で控えていた。

会議は大西参謀長の発言で始められた。大西は、フィリピンの米航空兵力はますます増強されており、第十一航空艦隊の現有兵力で対処するには不十分である。第一航空艦隊に比島航空撃滅作戦をやってもらいたい。ハワイ奇襲作戦の実施は再考願いたいといった要旨を述べ、次いで草鹿参謀長が、ハワイ奇襲作戦はあまりにも投機的すぎ、反対であると述べた。

山本は応じた。

「では南方作戦中に東方から米艦隊に本土空襲をやられたらどうする。南方の資源地域さえ手に入りさえすれば東京、大阪が焦土となってもよいというのか。とにかく自分が連合艦隊司令長官であるかぎり、ハワイ奇襲作戦は断行する決心であるから、両艦隊とも幾多の無理や困難はあろうが、ハワイ奇襲作戦は是非やるんだという積極的な考えで準備を進めてもらいたい。君たちが行かなければ、おれが行くよ」

山本の語調には断固たる決意がみなぎっている。そして、やや表情をやわらげて言葉を継いだ。

「僕がいくらブリッジや将棋が好きだからといって、そう投機的だ、投機的だというなよ。君たちのいうことも一理あるが、僕のいうこともよく研究してくれ」

大西と草鹿は長官の決意が不動のものであることを知った。ことに大西は、途中から草鹿を説得する恰好《かっこう》になり、二人はハワイ奇襲作戦の遂行に努力することを誓ったのだった。

草鹿少将は戦後の著書で回想している。

——私が旗艦を辞するとき、長官自らが異例にも私を舷側《げんそく》まで送って来られ、背後から私の肩をたたき、

「草鹿君、君のいうことはよくわかった。しかし、真珠湾攻撃は今日、最高指揮官たる私の信念である。今後はどうか私の信念を実現することに全力を尽してくれ。そして、その計画は全部君に一任する。なお南雲長官にも君からその旨伝えてくれ」

と誠実を面に現わしていわれたのである。この瞬間、私はこの長官のために全知全能を尽くそうと心中ふかく誓ったのである。

「今後、反対論はいっさい申しあげません。全力を尽くして長官のお考えの実現に努力いたします」

と、答えて「赤城」に帰ったのである——（『連合艦隊の栄光と終焉』行政通信社刊）

十月五日の午前、草鹿参謀長は志布志湾に碇泊する第一航空艦隊旗艦「加賀」に帰り、南雲長官に会議の結果を報告し、続けて首席参謀の大石中佐と航空参謀の源田中佐を呼んでハワイ奇襲作戦の実行計画の完成を命じた。ここに連合艦隊の〝内紛〟は終わり、ハワイ奇襲作戦は連合艦隊の最重要作戦として正式に歩き始めたのである。

ハワイの日本総領事館電を放置した米暗号解読班

連合艦隊と軍令部第一部の参謀たちが軍令部作戦室で「ハワイ作戦を認めろ」「いや、だめだ」と口角泡を飛ばして議論していた九月二十四日、同じ海軍省ビル三階の軍令部第三部はホノルルの総領事館宛に電文を起草していた。

○**発　東京**

宛　ホノルル

一九四一・九・二十四

厳　秘

今後、貴下はでき得るかぎり次の線に沿って艦艇に関する報告をされたし。

一、真珠湾の水域を五小水域に区分すること（貴下ができるだけ簡略にして報告されても差し支えなし）

A水域（フォード島と兵器庫の間）

B水域（フォード島の南及び西、Aの反対側）

C水域（東入江）

D水域（中央入江）

E水域（西入江及びその通路）

二、軍艦、空母については、錨泊《びょうはく》（at anchor）中のものを報告されたし。埠頭《ふとう》に繫留《けいりゅう》中のもの、浮標に繫留したもの、入渠《にゅうきょ》中のものは、さほど重要ではないが報告されたし。

三、艦型、艦種を簡略に示すこと。

四、二隻以上の軍艦が横付になっているときは、その事実を記されたし。

この電報は、それまで総領事館に要求していた内容と明らかに異なっていた。電文を手にした吉川少尉は首をかしげた。

吉川少尉は書いている。

「この電報を受けとった私は、発信者の真意を測りかねた。電文の意味は、要するに、湾内を五地区に分けて、その在泊状況を知りたいという所にあることは判っているが、さて、発信者は誰であるかを疑った。もし軍令部の参謀であれば、湾内の状況は熟知しているはずである。浅瀬のE水域に所在する船舶の有無を問い合せたり、繫留、入渠中の艦船は、『あまり重要でない』といって来ている。これはなんの意味なのか」

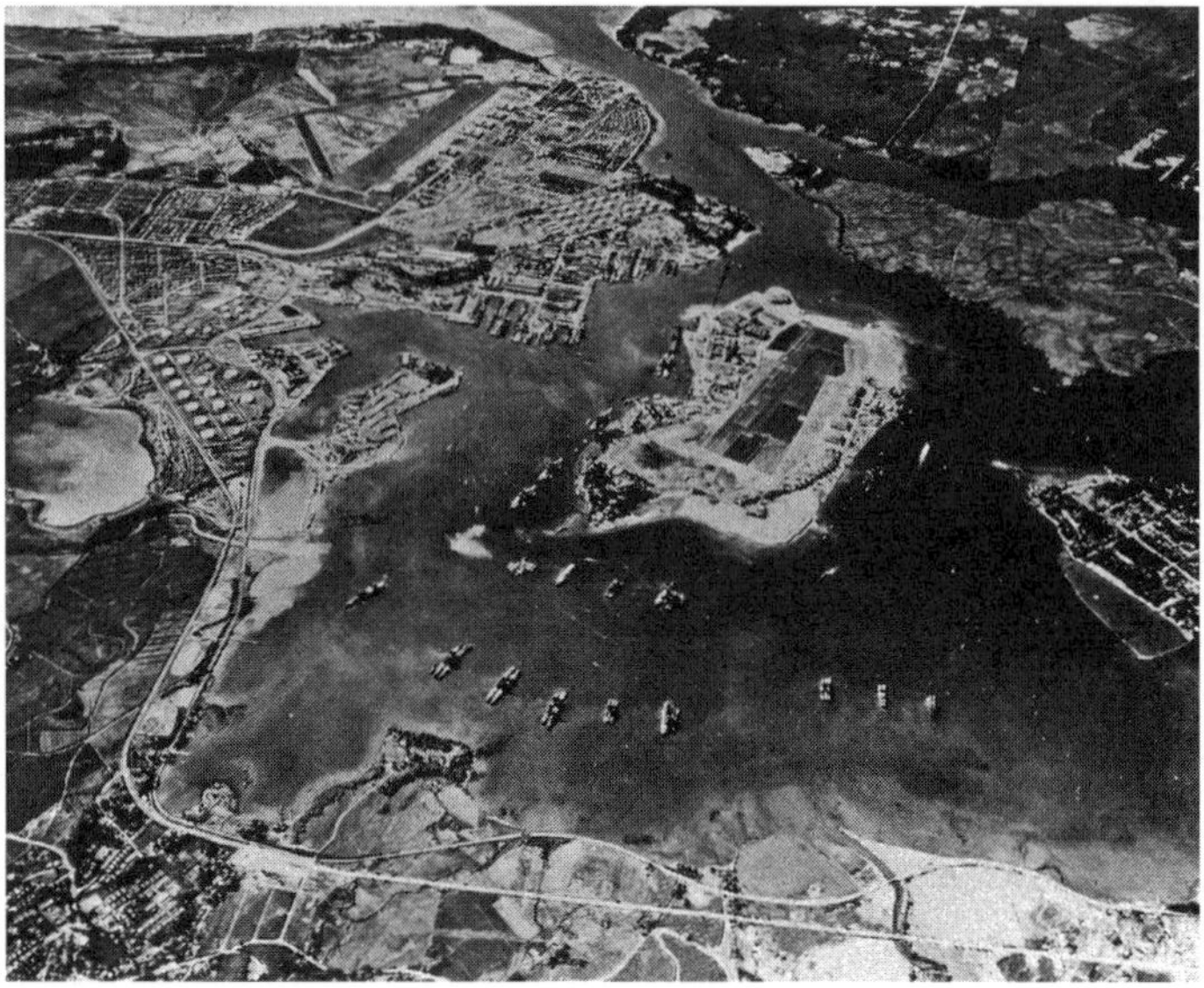

吉川少尉は軍令部の要望に応えて、真珠湾を4地区に区分して現状報告をしていた。

「たしかに、この電文は素人臭い所がある、と思い続けながら、なおも、この電報を読み返しているうちに、私は、おぼろげながら攻撃を暗示する文意を察知しながらも尚《なお》半信半疑であった。だがこの電文は戦後の研究で日本（軍令部または艦隊参謀）が、真珠湾攻撃に備えて『目標を選定し攻撃方法を具体的に研究した』ないしは『攻撃決意』をしたことに非常に重要な意味をもつことになった。しかし、電文起案者は、今の所、不明である。だが、私は、この電報をたしかに受けとって、その後、二、三回指示どおりに報告を送った。

私の推察では、この起案者は、軍令部五課の先任参謀無《む》着《ちゃく》中佐（戦死）で、おそらく、大学校の図上演習で、艦船に対する攻撃方法に疑問を持っての上で、問い合せ電を打ったのであろうと思う。戦艦が二列に並んでいる時には、内側の艦列に対しては魚雷攻撃が不可能であること。錨泊中の艦船は、急速出港可能であること、などの理由で打ち漏らす公算を考えていたのにちがいない」

吉川少尉は折り返し打電した。

○発　ホノルル

宛　東京

一九四一・九・二十九

厳　秘

貴第八十三番電に関し

艦艇の位置を示すには今後、次の符号を使用すること。

一、ＫＳ……海軍工廠《こうしょう》内の修理ドック

二、ＫＴ……第十、十一桟橋

三、ＦＶ……フォード島近くの繋留泊地

四、ＦＧ……フォード島の横付け岸壁（東・西はそれぞれＡ・Ｂにて区別）

しかし吉川は、この区分けに従った報告は「一、二度応じただけ」だった。あまりたびたび報告すれば、アメリカの情報機関に感づかれる恐れがあると思ったからだった。

もっとも、日本の外交暗号の解読に成功しているアメリカは、すでにホノルルの日本総領事館からの外交電文もすべて傍受し、解読していた。たとえば日本の外務省から九月二十四日にホノルルに打たれた「電信第八三号」は、十月九日にワシントンの陸軍の暗号解読班（ＳＩＳ）によって解読されており、九月二十九日の吉川から東京への報告電（電信第一七八号）は十月十日に海軍の暗号解読班ＯＰ－20－Ｇが解読していた。

ところがアメリカは、ホノルルなど日本の総領事館と本国とのやりとりは、単なる日常的な事務の報告に過ぎないものと決めつけ、解読も重要度の低い二次、三次の順位にし、しかも解読文はほとんど放置状態にされていたという。日本とスパイ・森村正にとっては、なんともありがたい処置であった。

山本の恫喝で決まった真珠湾奇襲攻撃作戦

連合艦隊内の意思は曲がりなりにも統一されたが、作戦の決定権を持っている軍令部の正式決定は得ていない。だが、連合艦隊側の作戦準備は着々と進められていた。現場の中央への反抗である。

山本長官と草鹿・大西両参謀長の会議があった四日後の十月七日、九州各地の基地に分散して訓練に励んでいた第一航空艦隊麾下《きか》の各航空戦隊司令官、幕僚、艦長、飛行長、飛行隊長が有明湾に碇泊している第一航空艦隊旗艦の空母「加賀」に召集された。第一航空艦隊司令部の幹部以外で、この日の会議の内容を知っているのは第二航空戦隊司令官の山口多聞《やまぐちたもん》少将だけだった。

長官室の長いテーブルの上には、黒い布で覆われた正方形の板が二枚置かれてある。そのテーブルの中央に位置を占めた南雲中将は、おもむろに話し出した。

「本日皆に参集してもらったのは余の儀ではない。万一、日米開戦ともなれば、わが第一航空艦隊はＡＩ（海軍で使っていたハワイの略語）空襲を行う予定である。容易ならざる作戦であるが、なんとか成功までこぎつけなければならない。問題は極秘中の極秘であり、機密の漏洩《ろうえい》は即敗北を意味する。しかし、いっさいを機密の幕の中に包んでいては訓練にも身が入らないだろうし、また、訓練計画や実施も思うにまかせないだろう。そこで直接飛行隊の教育訓練にあたる各飛行隊長および各艦長、飛行長などに集まってもらった次第である。計画の概要については、幕僚に説明させるから、十分に打ち合わせをしてもらいたい」

南雲中将の話が終わると同時に、テーブルの上の黒布が取り払われた。ハワイ・オアフ島のみごとな模型と真珠湾の模型であった。

草鹿参謀長が二つの模型を前に話を引き取る。

「まだ攻撃計画は立案中であり、諸君の意見を徴《め》した上で練り上げるのであるが、この作戦が成功するか否かは、一《いっ》にかかって雷撃が可能かどうかにある。山本長官もその点を非常に心配されている。いまから航空参謀にハワイ方面の概況と攻撃計画の素案を説明させるが、雷撃の能否について一応の見当をつけてもらいたい」

こうして源田中佐が真珠湾の米軍の配備、地形などの説明と攻撃計画の概要を説明した。そして雷撃、水平爆撃、急降下爆撃、戦闘機などの各専門別に分かれて模型を見ながら検討に入った。

連合艦隊司令部や第一航空艦隊の幕僚たちは、山本長官からハワイ奇襲攻撃案を示されてからは、全海軍からそれとなく各科の優秀な人材を集め、適材適所に異動させていた。そして目的は明かせなかったが、真珠湾攻撃を想定した各種訓練を課してきた。浅海面雷撃訓練もそうであれば、水平爆撃の命中精度アップ訓練もその一つだった。だから、春が過ぎ、七月、八月を過ぎるころからは、ベテランたちはその訓練内容から〈もしかしたら日米開戦でハワイを攻撃するのでは?〉と推測していた者もいた。この日、南雲長官の口から初めて計画が漏《もら》されたとき、各隊長たちが驚きの表情も見せず、きわめて冷静に聞き入っていたのも、そうした予測を立てていた者が多かったからに違いない。

八月末に横須賀航空隊教官から第四航空戦隊の空母「龍驤」の飛行隊長に、さらに「赤城」の飛行隊長へと転任した雷撃のベテラン村《むら》田《た》重治《しげはる》少佐もその一人であった。「ぶつ」という渾《あだ》名《な》で親しまれている、その村田少佐に源田は聞いた。

「どうだ、ぶつ、できるか？」

「なんとかいきそうですなあ」

村田少佐はさらりと言った。源田は、この村田の返事で真珠湾奇襲は決行できると確信した。

村田重治少佐

山本長官は計画案を提示したとき、「もし、雷撃がどうしてもできない場合には、この作戦はやらない」と言っている。それを海軍きっての〝雷撃の神様〟村田少佐が「雷撃は不可能」と言ったら、作戦はデッドロックに乗り上げてしまう。雷撃が可能となれば、思い切った作戦が立てられる。

村田少佐の〝快答〟を得た連合艦隊司令部は、十月九日から十三日までの五日間、前日に「陸奥」から旗艦を変更された空母「長門」で図上演習を行った。図演は草鹿参謀長の要望で、新鋭の二空母「翔鶴」「瑞鶴」を擁する第五航空戦隊も加えた六空母参加のもとに行われた。

ところが、この図演に出席するために出張してきた軍令部の航空作戦・航空軍備担当の三代《みしろ》辰吉《たつきち》中佐は、ハワイ作戦への六空母使用はとうてい望みがたいことだといって帰京していった。このとき軍令部は、すでに十月七日に陸海軍中央航空協定に出す案の中に、第一、第二航空戦隊の四隻の空母をハワイ作戦に、第五航空戦隊の二空母は南方作戦に当てることを盛り込んでいたのである。

図演に先立って草鹿参謀長から六空母参加を求められたとき、山本長官は「私が長官であるかぎり、ハワイ奇襲作戦は必ずやる。やるかぎりは実施部隊の要望する航空母艦兵力の実現には全力を尽くす」と言明している。それだけに山本は軍令部の態度に不満だった。図演後、山本はただちに草鹿参謀長を上京させ、空母六隻使用案の採用と給油艦の配属を大至急行うことを交渉させることにした。

草鹿は鹿屋から東京に飛び、十月十六日に軍令部に出頭した。ところが、軍令部は給油艦の配備は簡単に承認したが、使用空母の艦数については富岡課長以下強硬に反対して頑として認めず、交渉は行き詰まってしまった。草鹿は連合艦隊司令部に交渉の行き詰まりを連絡し、善後策を要望してきた。

山本は連合艦隊司令部の首席参謀・黒島大佐に至急東京に飛ぶよう命じた。ここで軍令部に押し切られてはハワイ作戦は水泡に帰してしまう。使用空母は六隻でなければならない。黒島は十八日に上京したが、山本は黒島の出発にあたって軍令部への〝伝言〟を申し渡した。

「ハワイ作戦に空母全力をもって実施する決心に変わりはない。自分は職を賭《と》しても断行する決意であることを軍令部に伝えよ」

全空母をもって敢行するハワイ作戦が認められなければ、連合艦隊司令長官を辞めるというのである。

上京した翌十月十九日、黒島は軍令部に出頭して交渉を開始した。だが、ハワイ奇襲作戦そのものに反対である第一部長の福留少将と第一課長の富岡大佐は、全空母使用などとても認められないと突っぱねた。軍令部としては、万が一に備えて連合艦隊が推すハワイ作戦の準備も進めてはいるが、その場合でも使用空母は第一、第二航空戦隊の四空母と決めている。

第一部との交渉ではラチが明かない。黒島は軍令部次長の伊藤整一少将に直接面会を求めて交渉を再開した。伊藤少将は九月一日付で軍令部次長に転出するまでは山本長官の下で連合艦隊参謀長の職にあり、首席参謀の黒島とは日夜顔を合わせていた間柄である。

黒島は連合艦隊の図上演習や各戦隊の訓練成果なども含めて、ハワイ奇襲作戦の政戦両面の必要性を詳細に説明した。そして、切り札の〝伝言〟を出した。

「山本長官は、もしこの案がどうしても採用できないというのでしたら、連合艦隊司令長官の職をご辞退すると申しておられます」

黒島の説明を聞き終わった伊藤次長は、「ちょっと待て」と黒島に言い、総長室に入っていった。伊藤には、たとえ個人的には反対であっても、山本長官の要望に否定的回答を出す勇気はなかったのだ。

しばらくして永野修身軍令部総長が次長室に入ってきて、黒島に伝えた。

「山本長官がそれほどまでに自信があるというのならば、総長として責任をもってご希望どおり実行するようにいたします」

山本五十六大将の〝恫喝《どうかつ》〟は見事に決まった。難航を重ねたハワイ奇襲作戦は、これで軍令部＝日本海軍の正式作戦計画に採用されたのである。福留、富岡以下の軍令部職員は、頭越しの連合艦隊のやり方に憤慨したが、総長の決裁が出た以上、ハワイ奇襲作戦は遂行しなければならなかった。

一方、軍令部と連合艦隊司令部がハワイ奇襲作戦の採否をめぐって攻防を繰り返しているころ、日米交渉もまた押し合いを繰り返していた。

昭和十六年十月二日、ハル国務長官は日本の中国・仏印からの全面撤兵を要求し、同時に日独伊三国同盟についても実質的な骨抜きを求める内容の文書を野村吉三郎駐米大使に手交してきた。翌三日、野村は豊田外相に「日米交渉はついにデッドロックとなれる感あり。世界政局に大なる変化ある場合、及び日本が政策を転向する場合のほか、対日外交は不変なりと思考す」と具申してきた。

この米国の態度を見て、陸軍はもはや外交交渉によって日本の要求を貫徹することは不可能であるとして、ただちに「対米開戦を決意する」よう大本営政府連絡会議に要求しはじめた。すでに大本営陸軍部は九月十八日に作戦準備命令を出し、南方作戦兵力の一部は移動を開始している。そして九月二十五日の大本営政府連絡会議では、参謀総長と軍令部総長連名の要望書が出された。

「帝国の対米（英蘭）開戦決意の時期に関しては、作戦上の要請を重視すべく、これがため日米外交交渉は一日も速かにその成否を判定し、遅くも十月十五日までに政戦の転機を決するを要す」というものである。

だが、海軍側はまだ日米の交渉は余地があり、政戦を決定する時期の遷延《せんえん》、条件の緩和などに関して談合する必要があるといい、陸軍とは違って外交交渉に望みをつないでいた。

こうした対米開戦をめぐる陸軍と海軍の攻めぎあいの狭間《はざま》で、首相の近衛文麿はすでに政権への意欲をなくしており、参謀総長と軍令部総長連名の要望書が出された翌日の昭和十六年九月二十六日に辞意を表明し、ついに十月十六日、内閣を投げ出してしまった。近衛は日中戦争下の昭和十四年一月五日にも、対中和平工作に失敗、内閣（第一次近衛内閣）を投げ出している。のちの東條内閣で内閣情報局次長だった奥村喜和男は書き残している。

「十月になっても交渉は好転せず、当然戦争をしなければならない破目《はめ》に陥っていった。そこで近衛は、戦争はしたくなし、またできなかったであろうから逃げたというのが真相である。彼は支那事変でもそうであるが、都合が悪ければ逃げる。いい意味でも悪い意味でも、公家《くげ》らしいインテリらしい男であったといわねばならない」（『日本週報』第三四八号掲載「宣戦大詔の秘密」）

連合艦隊司令部と軍令部がハワイ奇襲作戦の採否をめぐって激しい攻防を展開し、近衛が内閣を投げ出すという激震の最中の十月十七日、なんと東條英機《とうじょうひでき》陸相に組閣の大命が下りた。そして翌十月十八日、東條内閣が誕生した。

日本に迫るＡＢＣＤ包囲陣

難局の最中に登場した東條内閣は、引き続いて大本営政府連絡会議を開き、対米問題の打開策を協議する一方、若杉要全権公使に対してアメリカ側に交渉継続の意思があることを伝達させた。この日本政府の意思表示は、昭和十六年十月二十四日にサムナー・ウェルズ国務次官に伝えられた。

同時に日本政府は、閣議で「日米関係はあくまで外交交渉によって打開をはかる。不幸にし

東條英機内閣の親任式後の記念撮影（1941年10月18日）

て外交交渉が不成功に終わったときには、そのときに改めて開戦の決定をする」ことに決まったので、十一月四日の陸海軍合同軍事参議官会議に諮《はか》り、翌五日の御前会議にその旨を報告した。

そして日本政府は、駐ドイツ特命全権大使だった来栖《くるす》三郎《さぶろう》大使をアメリカに送り、野村吉三郎駐米大使とともにこの新構想実現のための対米交渉に入らせることにした。十一月五日、東京を発った来栖大使は十五日にワシントンに着き、ただちに野村大使とともに交渉に入った。

こうして日本政府と軍部が対米英開戦で大揺れしているとき、日本の外交暗号を解読しているアメリカもまたイギリスとともに対日開戦に向けてフル回転を開始していた。ルーズベルト米大統領とチャーチル英首相の軍事使節や特使は、この年の九月から十一月にかけて蘭印からシンガポール、インド、重慶、香港、フィリピン、オーストラリアを飛び回っては相互の連携を確認し合っている。そして十月には英国の極東軍総司令官ブルック・ポッパム大将と米国の極東軍総司令官官ダグラス・マッカーサー中将（のち大将・元帥）、米国の援蔣軍事使節団代表マグルーダー准将らはマニラに集まり、「太平洋における米英の共同作戦」などを協議している。

そしてポッパム大将が協議の結論を携えてオーストラリアを訪問し、オーストラリアのジョン・カーティン首相が「太平洋における共同戦線の交渉は米、英、蘭印、ニュージーランド、オーストラリアの間において完全に締結せられた」と発表したのは十月の末であった。

これとほとんど同時に米国の陸海軍長官は、開戦態勢の現状を次々発表した。フランク・ノックス海軍長官は就役している戦闘用艦船は三百四十六隻で、建造中か契約済みのものは三百四十五隻、就役している補助艦艇は三百二十三隻、同じく建造中か契約済みのものは二百九隻、海軍飛行機は四千五百三十五機、同じく製造中のものは五千八百三十二機であると発表した。対してスチムソン陸軍長官は航空士官候補生及び徴集兵の数を三倍の四十万人に増援したと発表した。このためルーズベルト大統領は、飛行機製造費四億四千九百七十二万ドルを要求した。オーストラリアのカーティン首相も四十五万人が入営したと発表し、フィリピンの陸軍参謀総長は現役兵の除隊を中止したと発表した。

こうして各国の戦争準備が整うのを見た米国のノックス海軍長官は、十月の終わりに「日本が現在の政策を変更しない限り日米の衝突は不可避である」と言明した。この米国の〝決意〟を受けて、十一月十日、英国のチャーチル首相はロンドン市長の就任披露会で演説した。「アメリカが日本と開戦したときには、我がイギリスは一時間以内に対日宣戦を布告する！」

これを受けて翌十一月十一日の「復員軍人の日」（アメリカの祝日「ベテランズ・デー」）に、ルーズベルト大統領は「我がアメリカは自由維持のために、永久に戦うものである」と演説し、ノックス海軍長官は「対日決意の秋《とき》がきた」と演説した。

かくして一九四一年（昭和十六）十一月二十五日、ルーズベルト大統領は最高会議を開いて日本に対して戦争を仕掛けることを決定するのである。そのときの会議のメンバーはルーズベルト、ハル国務長官、スチムソン陸軍長官、ノックス海軍長官、マーシャル陸軍参謀総長、スターク海軍作戦部長の六名であった。

連合艦隊、追い込みの猛訓練

米英を中心とした連合国側が急ピッチで対日戦の準備に入っていたころ、日本軍も対米戦の総仕上げに追われていた。

第一航空艦隊では来るべき日米開戦を想定して、艦隊が編制された当時から密かに訓練に励んできた。しかし、開戦劈頭に真珠湾を奇襲するというプランは、既記したように山本五十六大将ら一部の首脳しか知らない。十月七日の「加賀」の会議で初めて現場指揮官には知らされたが、一般隊員にはまだまだ極秘事項であった。

航空隊の訓練は次ページの別表のように機種別に基地を定めて行われていた。それまでの日本海軍では、航空母艦搭載機の直接教育担任者は艦長であり、戦隊司令官（あるいは司令長官）はこれを指導する制度になっていた。しかし、航空部隊の特性から、実戦の空中では戦隊や艦隊の兵力は統合して使用される。それを母艦ごとにバラバラに訓練していたのでは、いざ実戦というとき、うまく統一がとれるかどうか危うい。ましてや三個航空戦隊が合同して行う真珠湾攻撃のような大作戦では、一糸乱れぬ統一行動が勝敗のカギを握る。

そこで第一航空艦隊の源田中佐ら航空参謀たちは、各航空戦隊の飛行機を機種別の飛行隊に分け、各空中攻撃隊指揮官が平素の訓練も統一して行うようにしたのである。

基地（県）	機種・航空戦隊	機数	基地支援空母
鹿児島（鹿児島）	第1航空戦隊艦攻隊 及び水平爆撃嚮導隊	64機	空母「赤城」
出水（鹿児島）	第2航空戦隊艦攻隊	32機	空母「飛龍」
富高（宮崎）	第1航空戦隊艦爆隊	45機	空母「加賀」
笠ノ原（鹿児島）	第2航空戦隊艦爆隊	36機	空母「蒼龍」
佐伯（大分）	第1、2戦隊艦戦隊	72機	空母「赤城」
宇佐（大分）	第5航空戦隊艦攻隊	48機	空母「瑞鶴」
大分（大分）	第5航空戦隊艦爆隊	54機	空母「翔鶴」
大村（長崎）	第5航空戦隊艦戦隊	36機	空母「翔鶴」

◎第5航戦艦戦隊（艦上戦闘機）は着艦訓練開始時から大分

源田中佐は記している。

「たとえば、第一、第二航空戦隊の艦上爆撃機は、蒼龍飛行隊長江草《えぐさ》隆繁《たかしげ》少佐が統一指揮官になっているので、第一航空戦隊の艦爆隊は富高に、第二航空戦隊の艦爆隊は笠ノ原に集中し、

江草隆繁少佐（蒼龍飛行隊長）

この両者を合わせて江草少佐が指揮するようにした。また艦上攻撃機については、第一航空戦隊は鹿児島、第二航空戦隊は出水《いずみ》（鹿児島県）にあるが、そのうち水平爆撃隊は淵田中佐、雷撃隊は村田重治少佐が統一指揮をするようにしたのである。水平爆撃隊の爆撃嚮導機《きょうどうき》は、各航空戦隊のものを全部鹿児島基地に集中し、加賀飛行隊長橋口喬《はしぐちたかし》少佐（爆撃のベテラン）指導のもとに、赤城分隊長布留川泉《ふるかわいずみ》大尉を補佐とし、特別に爆撃技術の訓練を行ったわけである。

第一、第二航空戦隊の艦戦隊（戦闘機隊）は、全部佐伯基地に集中し、赤城飛行隊長板谷茂《いたやしげる》少佐が統一訓練を行ったのである」（『真珠湾作戦回顧録』）

そして、この艦爆、水平、雷撃の各指揮官を指導統制するのが、この作戦のため特に「艦隊司令部幕僚事務補佐」に任命され、八月末に「赤城」飛行隊長に着任した淵田美津雄《ふちだみつお》中佐（十月十五日に中佐に進級）であった。すなわち、空中においても、訓練においても淵田中佐が実質上の飛行機隊総指揮官になったのである。

隊員たちは淵田中佐を総隊長と呼び、連日の猛訓練を繰り返した。日向灘での空母発着訓練、洋上航法通信訓練、そして標的艦「摂津《せっつ》」を目標にした碇泊艦に対する単機あるいは編隊による水平爆撃、雷撃訓練など、午前・午後・夜間と昼夜を分かたぬ反復訓練を続けた。

ところが、訓練が進むにつれて艦隊の参謀や現場の隊長たちに難問が降りかかってきた。訓練の密度と機密保持の矛盾である。日本の海軍は年に二回、大幅な人事異動をやった。一回目は幹部の大部分が異動する年度末の十一月に行い、二回目が中期の四月である。したがって教育年度始めにあたる十二月は、一般隊員の練度は最低で、逆に十月は最高の時期である。その練度最高の時期に、碇泊艦に対する爆撃や雷撃の訓練を繰り返しているのだから、隊員が疑問を持つのは当然だった。碇泊艦への攻撃訓練などは年度始めの初歩的訓練であり、ましてや雷撃などは、この時期に一〇〇パーセントの成績を上げ得ない隊員は一人もいない。

もちろん隊員たちは真珠湾を奇襲するという作戦計画は知らされていないが、日米関係が不穏で、外交交渉がうまくいっていないことは新

淵田美津雄中佐（攻撃隊総隊長）

板谷茂少佐

聞などで知っている。のちに「加賀」の艦攻隊を率いて水平爆撃隊に加わる飛行隊長の橋口喬少佐は、ある日、風呂場で搭乗員たちが雑談しているのを耳にした。

「いったい、どこをやるつもりなんだろうなあ」

「マニラか、シンガポールかな?」

「けど、あそこには戦艦はいないぞ」

「まさか、ハワイじゃないだろうな……」

橋口少佐はギクッとした。そこで航空参謀の源田中佐に「参謀、注意しないといけませんなあ」と、事の次第を耳打ちしたという。考えれば、ベテラン搭乗員になれば、毎日の訓練内容から港に碇泊している艦艇群を攻撃対象にしていることは容易に想像がつく。そして戦艦や空母がいる港となれば、仮想敵国の中ではハワイの真珠湾ということになる。

そのうちに鹿児島の錦江湾《きんこうわん》で応用訓練として碇泊艦を目標に雷撃訓練をやるという。隊員たちは〈動かない艦など命中するに決まっているのに……〉と誰しもが思った。だが、目標は陸岸から五百メートル、水深十二メートルで陸地から接敵するといわれ、今度は隊員たちが驚いた。できるはずがないからだ。

空母「赤城」の最年少操縦員として真珠湾攻撃に参加した雷撃隊の後藤仁一《ごとうじんいち》中尉（のち少佐）は回想している。

「当時の雷撃法は、洋上で高速自由回避する大艦を目標とし、発射高度は艦攻で五十〜百五十メートル、発射距離は目標から千メートル付近であった。発射された魚雷は、海中に入ると一度、約六十メートルの深さ（沈度）まで沈んでから浮き上がり、調定深度を保って自力で駛走《しそう》する。沈度十二メートルなど夢ではないか。

また、爆弾と異なり精密な機械で自走する魚雷には、数段階の安全解除があり、最後の爆発《ばくはつ》尖《せん》解除までには五百メートル近い雷道が必要と聞いていた。陸岸から五百メートルの目標では、発射が一瞬遅れたら命中しても爆発しない。

村田隊長の下に訓練が始まった。桜島の東から山腹を這《は》うようにしながら高度を下げ、各機の距離を五百メートルに開き、鹿児島市北方の台地に入ったら左旋回して甲突川《こうつきがわ》の峡谷に進入する。峡谷をうねり岩崎谷から市街上空に出る頃、高度は五十メートル、市街中央の山形屋デパート付近で左に旋回すると、海岸にガスタンクがある。これをかわしながら高度をさらに下げて、二十メートル、すぐ発射する。目標は港内の海岸から五百メートルにあるブイである。発射を終わったら右旋回しながら高度をとり、海上を南下する。今度は鹿児島市南部谷山の

パイロットたちが真珠湾攻撃の訓練に励んだ、鹿児島の桜島と錦江湾一帯。

南方にある、高さ百メートルあまりの小山の崖に向かって海上から突っ込む。崖の直前で右へ急旋回して海岸と崖の間を高度五十メートルで南から市街へ進入し、山形屋付近で右へ急旋回し、海岸へ出て発射する。

この二回の発射運動をして終わる。最初の数回は肩が痛くなり、操縦桿《そうじゅうかん》を持つ手がふるえる思いだったが、馴《な》れるにしたがって緊張はするものの、途中の川も建物も見分けられるように落ち着いてきた」（『別冊歴史読本』所載「極秘裡に行なわれた攻撃訓練」より）

同じ雷撃隊の電信員として参加した空母「加賀」の前田《まえだ》武二《たけし》飛曹は、手記の中でこんな訓練のエピソードを紹介している。

「夏も終わり、秋風が吹きはじめるころになると、訓練の内容は一段と猛烈となって来た。そ

パイロットたちが錦江湾突入の目標にした鹿児島市の山形屋デパート（写真中央）。

んなころ、搭乗員を喜ばせるような訓練が始まった。その訓練はなぜか早朝に行われた。夜明けとともに鴨池を離陸して城山方向に向い、城山の山腹から滑り下りるように海岸へ飛ぶ。城山と天保山沖の標的を結ぶ線上には、鹿児島市街が連なり、その先端は沖の村遊廓《ゆうかく》を経て海に至る。遊廓の妓楼《ぎろう》の軒先をかすめるようにして海上に出ると、海面すれすれまで高度を下げて、魚雷発射運動をするのである。まだ寝床の中の妓《こ》たちは、突然の爆音に吃驚仰天《びっくりぎょうてん》、雨戸がいっせいに開けられ、とんだ眼の保養となった。しかし操縦員にとっては生命がけで、わき目なぞできるものではなかった。

この訓練が開始された当初には、プロペラが起すシブキで尾部を損傷する機が続出したが、慣れると間一髪の高度を保てるようになった。

馴染客である搭乗員の機体番号を知っている妓は、窓辺で待ち構え、お目当ての飛来とともに、嬌声《きょうせい》を上げ、手を振る有様《ありさま》で、泊り客はシラケ切って、楼主《ろうしゅ》に苦情を言うが、鹿児島という土地柄、海軍贔屓《びいき》の多い彼ら遊客は本心から怒っているのでなく、むしろ猛烈な訓練振りにあきれていたのが実情のようであった。

この雷撃運動は十一月上旬、私たちが鹿児島基地を撤収し、宮崎県の富高基地へ移動するまで続けられ、その技倆は飛躍的に向上した」（増刊『歴史と人物』昭和五十八年一月発行、「陸上基地での猛訓練」所載）

たしかに雷撃訓練の成果は上がっていた。だが、まだ万全とはいえなかった。ある日の訓練では七〇パーセントの成功率を上げるが、次の日には五〇パーセントも魚雷が走らないことがある。それは投下直後、魚雷があまりにも深く潜《もぐ》り過ぎるからである。

浅海面魚雷の開発と雷撃訓練

真珠湾攻撃で使用された魚雷の大部分は九一式改二で、一部が九一式改三と呼ばれたものである。従来、日本海軍は九一式魚雷と呼ばれるのを使ってきたが、強度不足のため、艦政本部は水上艦艇と潜水艦用魚雷につづいて航空魚雷も優秀な成績を上げている酸素魚雷への転換を急いでいた。だが、酸素魚雷は爆発の危険性が高い酸素を使っていることから、航空魚雷には疑問が多い。ましてや空母内では引火性の強い油などがある場所に置かなければならない。飛行場でも野積みにされる。もし敵機の機銃弾などが一発でも当たればすべて誘爆してしまう。

そこで航空本部技術部部員兼艦政本部二部部員の愛甲文雄《あいこうふみお》少佐（のち大佐）は、水雷の専門家である横須賀航空隊教官の片岡政市《かたおかまさいち》少佐とともに、酸素魚雷を排除するために九一式魚雷の改良に取り組み、まず九一式改二を完成し、つづいて九一式改三を完成させた。同時に、魚雷の回転を防ぐ安定装置や、雷道を一定に保つ「框板《きょうばん》」と呼ばれる装置などを開発して浅海面魚雷の開発にも取り組んだのである。

そして各種装置の改良も重ね、昭和十六年八月二十二日から九月十九日まで、何回もの実験が繰り返された。その結果、発射高度三十メートル、発射機速一五〇ノット以上の場合は魚雷の沈度は十二メートル以内で、一〇〇パーセントの成績を上げた。実験成績の報告を受けた軍令部では、十一月三十日までにこの浅海面魚雷百本の製造と整備を要求し、さらに期間を短縮して十一月十五日までに完納せよと要求した。

十一月初めには水平爆撃も急降下爆撃も、ほぼ予定の成績を上げられるようになり、訓練はほとんど終了に近かった。残るは雷撃だけだった。真珠湾奇襲攻撃の成否は一に雷撃にかかっている。ところが、愛甲少佐たちが開発した新型魚雷はまだ配備されていなかったから、現場の航空隊では水深わずか十二メートルという浅い真珠湾での雷撃を成功させる目途《めど》はまだ立っていない。

源田中佐は書いている。

――演習が終わって、鹿児島基地で最後の検討を行ったのであるが、全員匙《さじ》を投げた恰好で、手のほどこしようもなく、暗い雲に覆われたようで楽天家の村田少佐さえ、「もう艦爆にお願いする外、途《みち》はない」

とまでいい出す始末であった。この時、赤城の若い中尉、根岸君が突如発言した。

「どうです、脚《あし》を出し、高度六米位で発射したら。どのみち、命は投げ出しているのだし、射《う》たれたってもともとですよ」

「最後の試みで、それをやって見ようか」

村田君が言った。他の者も、

「ともかく、やってみよう」

というので、翌日からその研究にとりかかることとし、別に村田少佐の発議で、十六年初頭から横須賀航空隊で研究したものを、そのまま修正を加えないで発射する案もやってみることにした。

この両案のうち、一つ成功すれば見込みはあるが、両案共に失敗すれば万事休すである――

(『人物往来』昭和三十九年十二月号所載「真珠湾奇襲の秘策」)

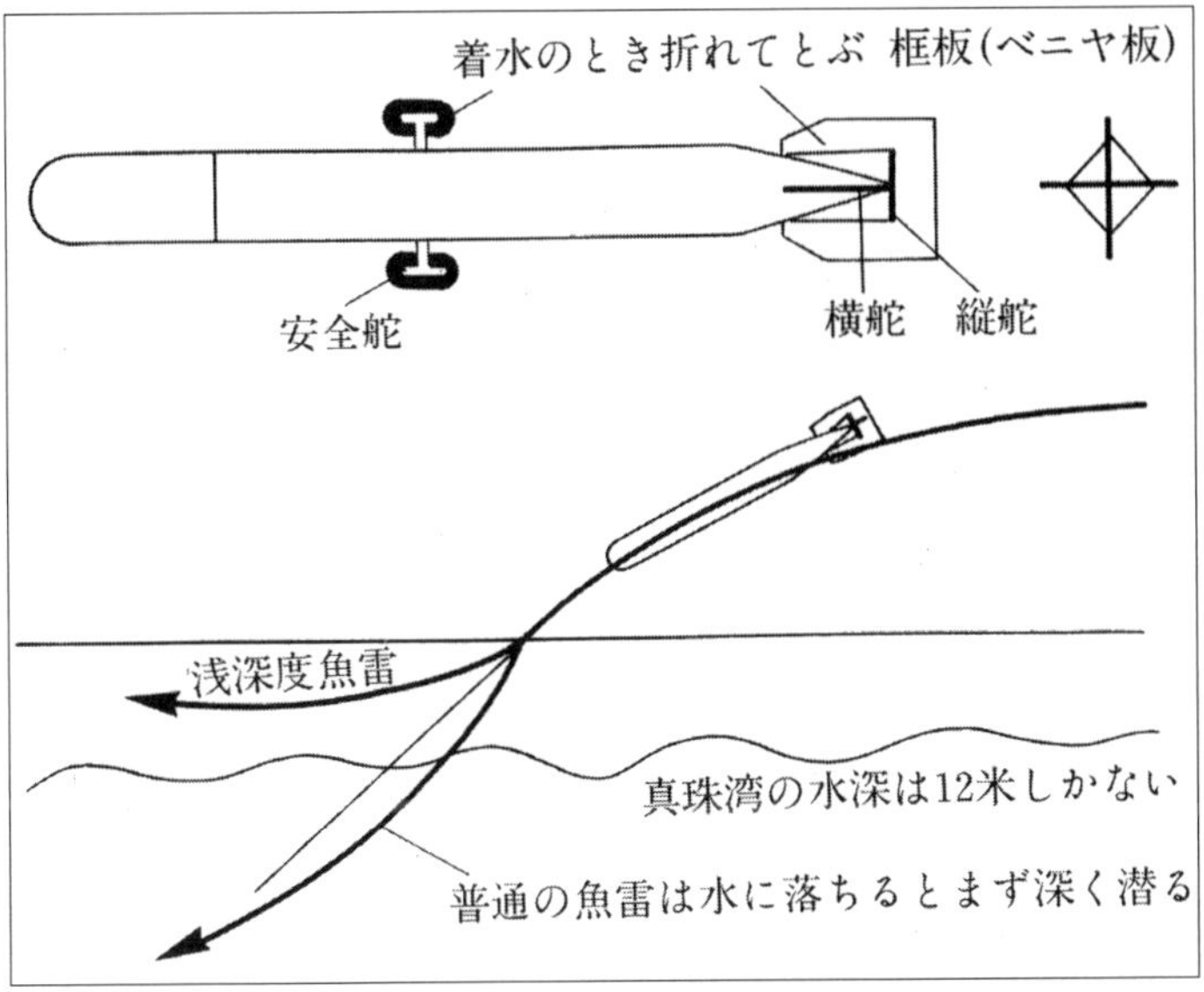
着水のとき折れてとぶ 框板(ベニヤ板)
安全舵
横舵
縦舵
浅深度魚雷
真珠湾の水深は12米しかない
普通の魚雷は水に落ちるとまず深く潜る

浅深度（浅海面）魚雷の概要図

敵艦に向かって海面すれすれに飛び、抱いた魚雷をそっと置くように発射する。この従来の雷撃思想をくつがえす実験は十一月十日ごろ鹿児島湾で行われた。実験は大成功だった。駛走率八三パーセントという。

このころ、各母艦は最後の補給のために佐世保や徳山、呉などに入港して出港準備に追われていたが、佐世保でこの報告を聞いた源田中佐は、これで真珠湾攻撃はなかば成功したと思った。

母艦を飛び立ち、上空で編隊を組んでパール・ハーバーに向かう南雲機動部隊の攻撃機。

第4章

南雲機動部隊出撃す

深夜におよんだ「開戦か和平か」

日米交渉はその後も進展を見せず、双方の合意点を見つけることはほぼ絶望的になっていた。東條内閣成立後の大本営政府連絡会議は、昭和十六年十月二十三日から三十日まで、二十六日の日曜日を除いて連日開かれていた。そして対米英蘭戦争突入に際しての、全十一項目にわたる個々の問題について討議を重ね、十一月一日に最終結論を出すことになった。

その十一月一日の政府連絡会議は午前九時から始められ、翌二日午前一時半にいたる、延々十七時間におよぶ大激論となった。連絡会議では東條首相の指示により、次の三案にしぼって討議された。

第一案　戦争せず臥薪嘗胆《がしんしょうたん》する。

第二案　ただちに開戦を決意し、武力解決する。

第三案　戦争決意のもとに、作戦準備と外交を並行して行う。

東條首相は第三案を選ぶと言い、東郷茂徳《とうごうしげのり》外相、賀屋興宣《かやおきのり》蔵相、嶋田繁太郎《しまだしげたろう》海相、鈴木貞一《すずきていいち》企画院総裁は同意したが、杉山元《すぎやまはじめ》参謀総長や永野修身《ながのおさみ》軍令部総長ら統帥部は猛烈に反発し、東郷外相と正面衝突を演じた。会議は何度か決裂寸前に追い込まれ、深夜におよんだ。

参謀本部編の『杉山メモ』から、その日のやり取りの一部を再現すると、こんなふうだった。

〔第一案について＝戦争をやらず、堪え忍ぶ〕

賀屋　このまま戦争せずに推移し、三年後に米艦隊が攻勢をとってくる場合、海軍として戦争の勝算ありや否や。（賀屋は再三質問する）

永野　それは不明なり。

賀屋　米艦隊が進攻して来るか来ぬか。

永野　不明だ、五分五分と思え。

賀屋　来ぬと思う。来た場合に海上の上の戦争は勝つかどうか。（まさか負けるとは統帥部に聞くわけにはいかない）

永野　今戦争をやらずに三年後にやるよりも、今やって三年後の状態を考えると、今やるほうが戦争はやりやすいといえる。それは必要な地盤がとってあるからだ。

賀屋　勝算が戦争第三年にあるのなら、戦争をやるのもよろしいが、永野の説明によればこの点が不明瞭だ。しかも自分は、米が戦争を仕掛けてくる公算は少ないと判断するから、結論として今戦争をするのが良いとは思わぬ。

東郷　私も米艦隊が攻勢に来るとは思わぬ。今戦争をする必要はないと思う。

永野　「来らざるを恃《たの》むなかれ」ということもある。先は不明、安心はできぬ、三年たてば南の防備が強くなり敵艦も増える。

賀屋興宣蔵相

鈴木貞一企画院総裁

嶋田繁太郎海相

賀屋　しからば何時戦争をしたら勝てるか。

永野　今！　戦争は後には来ぬ（強い語調で）。

鈴木　賀屋は物の観点から不安をもっており、戦争をやれば十六、十七年は物的には不利のように考えているようだが心配はない。十八年には物の関係は戦争をしたほうがよくなる。一方、統帥部の戦略関係は時日を経過せばだんだん悪くなるというのだから、この際は戦争したほうがよいこととなる（と、再度賀屋、東郷の説得に努めた）。

賀屋　いまだ疑いあり（とて第一案に対する質問を打ち切る）。

〔第二案について〕

賀屋・東郷　たださように決心する前に二千六百年の青史をもつ皇国の一大転機で国運を賭《と》するものだから、なんとか最後の交渉をやるようにしたい。外交を誤魔化してやれというのはあまりにひどい。乃公《だいこう》（自分）にはできぬ。

塚田　（攻・参謀本部次長）　まずもって決すべきものは、今度の問題の重点たる「開戦をただちに決意す」「戦争発起を十二月初頭とす」の二つを定めなければ統帥部としては何もできない。外交なりとは右が定まってから研究してもらいたい。外交をやるとしても、右をまず定めよ。

伊藤　（整一・軍令部次長）（このとき突如として）海軍としては十一月二十日まで外交をやってもよい。

塚田　陸軍としては十一月十三日まではよろしいが、それ以上は困る。

東郷　外交には期日を必要とす。外相としてできそうな見込みがなければ外交はやれない。期日も条件もそれで、外交が成功の見込みがなければ外交はやれない。よって戦争は当然や

永野修身軍令部総長

東郷茂徳外相

伊藤整一軍令部次長

めねばならぬ（かくして東郷は時々非戦現状維持をいう）

右のごとくにて、外交の期日条件などを論議する必要生じ、総理は第三案（戦争外交二本立）を併せ討議することを提議せり。

〔**第三案・第二案と共に研究す**〕

塚田　参謀本部原案を繰り返し述べ「外交は作戦を妨害せざること、外交の情況に左右せられ、期日を変更せぬこと、その期日は十一月十三日なること」を主張す。よってこの期日十一月十三日が大いに問題となれり。

東郷　十一月十三日はあまりに酷《ひど》いではないか。海軍は十一月二十日というではないか。

塚田　作戦準備が作戦行動そのものだ。飛行機や水上水中艦船などは衝突を起こすぞ。したがって外交打ち切りの時期は、この作戦準備の中でほとんど作戦行動と見なすべき活発なる準備の前日までになるを要す。これが十一月十三日なのだ。

永野　小衝突は局部的衝突で戦争ではない。

総理　外務、外交と作戦と並行してやるのであるから、外交が成功したら戦争発起を止めることを請け合ってくれねば困る。

塚田　それは不可なり。十一月十三日までなればよろしいが、それ以後は統帥を紊《みだ》す。

杉山・永野　これは統帥を危うくするものだ。

嶋田 （伊藤次長に向かい）発起の二昼夜くらい前までは良いだろう。
塚田 黙っていて下さい、そんなことは駄目です。外相の所要期日とは何日か。

右のごとくして外交打ち切りの日が大激論となり、二十分間休憩することとなる。ここに於いて田中第一部長（参謀本部）を招致し、総長、次長、第一部長に於いて研究し、「五日前まではよろしかるべし」と結論せられ、これにより「十一月三十日までは外交を行うも可」と参本としては決定し、再会す。
この間、海軍軍令部も同様、第一部長を招致して協議し、再会す。

総理 十二月一日にはならぬか。一日でもよいから永く外交をやらせることは出来ぬか。
塚田 絶対にいけない。十一月三十日以上は絶対いかん、いかん。
嶋田 塚田君、十一月三十日は何時までだ、夜十二時まではよいだろう。
塚田 夜十二時まではよろしい。

右のごとくして十二月一日零時（東京時間）と決す。
以上のごとくして　イ、戦争を決意す。
ロ、戦争発起は十二月初頭とす。
ハ、外交は十二月一日零時までとし、これまでに外交成功せば戦争発起を中止す。

政府連絡会議は引き続いて対米外交条件について検討されたが、ここでも東郷外相と統帥部は激しく対立し、会議はしばしば中断した。会議は参謀本部・軍令部の次長クラスに牛耳《ぎゅうじ》られ、総長たちは彼らを後押しする形で進めている。そして対米案として決められたのは、すでに日本が九月二十五日に提案している内容に若干修正を加えたもので、三国同盟についても「帝国政府の自ら決定する所に依《よ》りて行動する」と、いわゆる独自解釈論をとり、中国・仏印撤兵も公正な極東平和が確立されれば撤兵するというもので、大筋ではなんら変わっていない。

東郷外相は「これでは駄目だ、外交はやれぬ、戦争はやらぬ方がよろし」と激しく主張、外相の辞任も考えたほどだった。東郷は広田弘毅《ひろたこうき》元首相を訪れ、実際に辞任を相談したが、「君が辞めれば戦争に賛成する者が起用されるだけだから、職にとどまって交渉成立に全力をつくすべきだ」と説得され、しぶしぶ踏みとどまったという。

ともあれ、十七時間におよんだ政府連絡会議は、次の「帝国国策遂行要領」を決めて散開した。

帝国国策遂行要領

一、帝国は現下の危局を打開して自存自衛を完《まっと》うし、大東亜の新秩序を達成するため、この際、対米英蘭戦争を決意し、左記措置を採《と》る。
一、武力発動の時期を十二月初頭と定め、陸海軍は作戦準備を完整す。
二、対米交渉は別紙要領により行う。
三、独伊との提携強化を図る。
四、武力発動の直前、泰《タイ》との間に軍事的緊密関係を設定す。
二、対米交渉が十二月一日午前零時までに成功すれば、武力発動を中止す。

そして、この「帝国国策遂行要領」は十一月五日の御前会議で最終的に決定され、日本の陸海軍は対米英蘭戦争に突入したのである。

ついに出た出撃命令

御前会議で「帝国国策遂行要領」が決定された十一月五日、永野軍令部総長は山本連合艦隊司令長官に対し大海令第一号を、次いで大海指第一号を伝達して正式に作戦命令を下した。

大海令第一号　昭和十六年十一月五日
奉　勅　軍令部総長　永野修身
山本連合艦隊司令長官に命令

一、帝国は自存自衛の為十二月上旬米国、英国及蘭国に対し開戦を予期し諸般の作戦準備を完整するに決す
二、連合艦隊司令長官は所要の作戦準備を実施すべし
三、細項に関しては軍令部総長をして指示せしむ

大海指第一号　昭和十六年十一月五日
軍令部総長　永野修身
大海令第一号に基き山本連合艦隊司令長官に指示
一、連合艦隊司令長官は十二月上旬米国、英国次で蘭国に対し開戦するを目途とし、適時所要の部隊を作戦開始前の待機地点に進出せしむべし
二、連合艦隊司令長官は米国、英国及蘭国軍不慮の攻撃に対し警戒を厳にすべし
三、連合艦隊司令長官は作戦上特に必要なる偵察に限り隠密に之を実施することを得
(以下略)

軍令部の命令を受けた連合艦隊は、ただちに隷下《れいか》各艦隊に「機密連合艦隊命令作第一号」を出し、作戦海面への出撃準備を命じた。そして、陸上基地にあって訓練に励んでいた各飛行隊

単冠湾に集結した南雲機動部隊から択捉島を望む。

は急遽《きゅうきょ》、母艦へ収容された。

真珠湾攻撃の機動部隊は十一月二十二日の択《え》捉島《とろふとう》の単冠湾《ひとかっぷわん》集結を前に、十一月十六日、佐伯湾に集合した。そして翌十七日には岩国沖にあった連合艦隊旗艦「長門」も佐伯湾に回航され、午後三時二十分から山本五十六連合艦隊司令長官の訓示が行われた。訓示の内容の正確な記録は残っていないが、空母「赤城」の飛行甲板で行われたこの長官訓示には、機動部隊の各級指揮官、幕僚、飛行科士官などが参列した。

第一次攻撃隊総指揮官・淵田美津雄中佐によれば、山本長官の訓示の内容は次のようであった。

「今次の行動は万一対米開戦の止むなきに至った場合、開戦劈頭遠く真珠湾方面にある米国太平洋艦隊の主力に攻撃を加えんとするものであって、本作戦の成否は爾後《じご》のわが作戦の運命を決するものである。
もとより本作戦は幾多の困難を排除して、敵の意表に出る着想の下に計画されているのであるが、敵もあらゆる起り得べき事態に対処して、周到な警戒措置が講ぜられていることは推察される。諸士は充分心して、強襲となることも覚悟し、不覚をとらぬよう心掛けねばならぬ」(『真珠湾の真相』)
いよいよ出撃である。だが、機動部隊の艦船は企図秘匿のため出港日時をわざとずらしたり変えたりしていた。各艦船の出港日時は別表のようだが、空母「加賀」だけは後を追うことになっていた。その理由は浅沈度魚雷の改造が遅れたため、それを受け取ってから一日遅れの十一月二十三日に単冠湾に進出することになっていた。

戦隊	艦（隊）名	出港地	出港日時	単冠湾着日時
一航戦	赤城	佐伯湾	十八日〇九〇〇	二十二日〇八〇〇
二航戦	蒼龍　飛龍	佐伯湾	十八日一二〇〇	二十二日
五航戦	翔鶴　瑞鶴	別府湾	十九日〇〇〇〇	二十二日
八戦隊	利根　筑摩	佐伯湾	十八日一四〇〇	二十二日一三〇〇
警戒隊		佐伯湾	十八日〇四〇〇	二十二日
補給隊	極東丸、健洋丸、国洋丸、神国丸、東邦丸、東栄丸、日本丸	呉　佐伯湾	神国丸と健洋丸は第八戦隊と、極東丸と国洋丸は第二航空戦隊と、その他は警戒隊と同行か、二十二日着	

機動部隊の各艦船は出港と同時にいっさいの電波発信を禁じられ、一般乗組員にはまだ目的も知らされていなかった。伝えられたのは「訓練地に向かう」ということだけだった。そして、将校を除く搭乗員に初めて真珠湾攻撃の企図を知らされたのは、単冠湾に集結してからの十一月二十四日だった。同時に「赤城」にあるオアフ島と真珠湾の模型が、一般搭乗員に公開されたのもこの日だった。

第一航空艦隊の航空参謀であり、真珠湾攻撃の実質的な作戦計画を立案した源田実中佐は、前出書に書いている。

「十一月も末になると千島列島の山々は、一面雪に覆われて、寒々とした光景である。その寒々とした南千島のエトロフ島、単冠湾に十一月二十二日から二十四日の間に、機動部隊の各艦は、途中個別の行動をとりながらも集結を終わった。最後に入港した加賀から、安定板の装備された浅海面用魚雷（合計百本）も受け取ったし、航続力の少ない赤城や二航戦の各艦などは、艦内の諸通路にまでドラム罐入りの重油を積み込み、準備万端ととのったというところである。私だけかもしれないが、赤穂浪士が討ち入りの前夜、そば屋の二階に集まったとき、同じような感情を抱いたのではあるまいかと思った」

機動部隊が単冠湾に急いでいる十一月二十日、軍令部第一部長の福留繁少将は柱島泊地に停泊していた連合艦隊旗艦「長門」を訪れた。福留少将は日米交渉が行き詰まり状態になっていることを伝え、同時に、二十一日付で発令予定の所要部隊の作戦海面進出を下令する大本営海軍部の「大海令」と「大海指」を手交した。

大海令　第五号　　昭和十六年十一月二十一日

一、連合艦隊司令長官は作戦実施に必要なる部隊を適時作戦海面に向け進発せしむべし

二、連合艦隊司令長官は作戦準備行動中米国、英国又は蘭国軍の挑戦を受けたる場合自衛のた

め武力を行使することを得

三、細項に関しては軍令部総長をして之を指示せしむ

大海指　第七号　昭和十六年十一月二十一日

一、連合艦隊司令長官は所要の部隊を作戦海面に進発せしむると共に、爾余《じょ》の部隊をして開戦初頭の配備に応ずる如く行動せしむべし

二、大海令第五号による武力行使は米英蘭国海上兵力が領海に侵入し偵察行動を執《と》りたる場合、竝《ならび》に我領海附近に近接し、其の行動我を危殆《きたい》ならしむる如き積極的行動を執りたる場合に限定す

連合艦隊司令部は、この大海令と大海指の発令により、十一月二十一日午前零時、麾下《きか》の艦隊に「第二開戦準備」を発令、単冠湾の機動部隊は予定どおり十一月二十六日の朝、一斉に錨を上げた。片道三千五百浬におよぶ奇襲作戦の開始であった。

機動部隊の前方海域六百五十浬には、美幌基地に進出していた木更津航空隊の陸攻一個飛行隊十四機が前路哨戒にあたっていた。この木更津航空隊の任務は、機動部隊出航前後の二十日から二十八日までで終了したが、搭乗員たちは木更津の基地に帰ってからも任務については

堅く口止めされ、十二月八日の開戦日まで外出も禁止されていた。

防衛庁の戦史叢書の執筆者は、機動部隊出発の模様を日記ふうにまとめている。

十一月二十六日（水）曇

すべての準備を終わった機動部隊は、いよいよ故国をあとにして古今未曾有《みぞう》の大奇襲作戦の決死行の途につくこととなった。

暗雲立ち込める中を〇六〇〇警戒隊の抜錨《ばつびょう》を先頭に、第八戦隊、第三戦隊、哨戒隊、空母部隊の順に逐次単冠湾を出港した。しかし「赤城」は試運転時、スクリューにワイヤを巻きつけ、予定の〇七〇〇に出港できず、潜水夫を入れてこれを取り除くため遅れて、ようやく〇八〇〇に出港できた。そのため機動部隊の進発は一時間遅れるに至った。この事故は晴の門出にとって幸先のよいものではなかった。

機動部隊は、〇九〇〇湾外において第一警戒航行序列をつくり、哨戒隊は「赤城」の左前方一、〇〇〇米に占位し、艦内哨戒第三配備、戦闘機は昼間第一配備C法、奇数日（偶数日）艦爆（艦攻）の一部二時間待機（詳細不明、両者とも艦上待機は確実）とし、電波戦闘管制の下に、東京放送に神経を集中しながら東進を開始した――（『ハワイ作戦』）

第一航空艦隊参謀長の草鹿龍之介少将は、このとき司令長官の南雲忠一中将と並んで旗艦「赤城」の司令塔にいた。

真珠湾を目指して航進する南雲機動部隊。

——だんだん遠のいて行く千島の山々。これが祖国の見おさめかと瞳をこらして眺めているうち、ついに水平線のかなたにその姿を消してしまった。

各艦は警戒配備についた。砲員は当直を定めて砲側につき、見張り配置にあるものは水際一点の黒影も、波間に見え隠れする一本の棒も見落すまいと目をみはる。水中聴音機は敵潜水艦のスクリュー音を求めて警戒の耳をそばだてる。とっさの場合に備えて各母艦は戦闘機数機を飛行甲板に待機させる。塵埃《じんあい》ビルジを流すことは厳禁である。無線は封印されてキーにはいっさい手を触《ふ》れることができない。ただ、軍令部と連合艦隊旗艦「長門」の放送に神経を集中し、ホノルル放送を傍受して敵情の片鱗《へんりん》でも捕えようとする。まさに全軍枚《ばい》を銜《ふく》み、はるかにハワ

真珠湾を目指して航進中の南雲機動部隊。空母「翔鶴」の舷側から見る機動艦隊の航進。

イの空を望んでしゅくしゅくとして進みゆくのである。

「参謀長、君どう思うかね、僕はエライことをひき受けてしまった。僕がもうすこし気を強くしてきっぱり断わればよかったと思うが、一体出るには出たがうまくいくかしら」

と、南雲長官が私に小声でいわれる。作戦担当の最高指揮者としての心配はまた格別であったろう。このへんが参謀長と長官とのちがいでもあろう。

「だいじょうぶですよ、かならずうまくいきますよ」

「君は楽天家だね。うらやましいよ」

南雲長官については、いろいろ批評もある。しかし私にとってはよい上司のひとりであったと思う――（『連合艦隊の栄光と終焉』行政通信社刊）

機動部隊は単冠湾からやや南下しながら、一路東進した。出港以来、天候は良かったが、うねりが大きく、艦の動揺は次第に増大するかのようである。護衛の戦艦「比叡」の記録では最大二〇度を越す動揺だったという。しかし、当初心配した燃料の洋上補給も順調に行われている。第一航空艦隊司令部の首席参謀大石保中佐は「之にて燃料の心配薄らぎたり、幸先《さいさき》よし」と日誌に記した。

出撃一番手の潜水部隊

南雲中将の機動部隊が単冠湾に集結しているころ、豊後水道方面で訓練を急いでいた清水光《しみずみつ》美《み》中将率いる潜水部隊の第六艦隊＝先遣部隊は、すでに四つの航路に分かれてハワイに向かっていた。特殊潜航艇を擁する特別攻撃隊を除き、その任務は機動部隊の掩護《えんご》、真珠湾の事前偵察、機動部隊の不時着機搭乗員の収容、湾内から脱出した米艦艇の邀撃などである。

先遣部隊の編成は旗艦「香取」以下潜水艦二十七隻、特殊潜航艇五隻、それに補給部隊の特務艦六隻からなる大部隊であるが、機動部隊にくらべ訓練・準備期間はあまりなかった。そのため練度は必ずしも充分ではなかった。なかでも第一潜水戦隊は新造艦で編成されたため、乗組員の訓練にも充分な時間が取れない上に、十一月に入って竣工した艦もあるなど、文字通り駆け込み出撃だった。逆に第二潜水戦隊は大正から昭和初期に竣工した老朽艦が多く、修理や整備に追われて訓練時間が取れないままの出撃となった。比較的訓練が積めたのは新鋭艦で編成されていた第三潜水戦隊だけだった。

さらに状況が悪かったのは、特別攻撃隊に編入された第一潜水戦隊の丙型（大型）潜水艦五隻だった。

そもそも連合艦隊の山本五十六司令長官は、特殊潜航艇の真珠湾奇襲攻撃参加には反対だった。特殊潜航艇を積む潜水艦隊の母艦「千代田」艦長の原田覚《はらださとる》大佐らから、初めて特殊潜航艇をもって真珠湾潜入攻撃計画を立案したいといわれたとき、山本長官は、航続距離の短い特殊潜航艇を敵艦攻撃後どうやって収容するのか、収容の見込みのないような方法は採用できないと言下に退《しりぞ》けている。そこで原田大佐ら関係者は、特殊潜航艇から電波を出させて潜水艦がその方位を測定し、潜航艇を収容することにし、改めて山本長官に意見具申をした。しかし山本長官は、警戒厳重な海面では収容に確実性がないとして、再び却下した。

甲標的、あるいはA標的、H金物、特型格納筒（略して「筒《つつ》」）といったさまざまな秘匿名で呼ばれていた特殊潜航艇は、昭和十五年四月末に第一号基（艇）が完成した秘密兵器だった。本来は艦隊相互の洋上決戦に際し、突如、母艦から発進して敵艦に近付き、魚雷を発射してサッと引き揚げるのが任務で、真珠湾攻撃のような港湾に碇泊する艦艇を狙うものではなかった。

全長はわずか二十三・九メートル、最大直径一・八五メートル、排水量四十六トンの小型潜

特殊潜航艇（甲標的）断面図

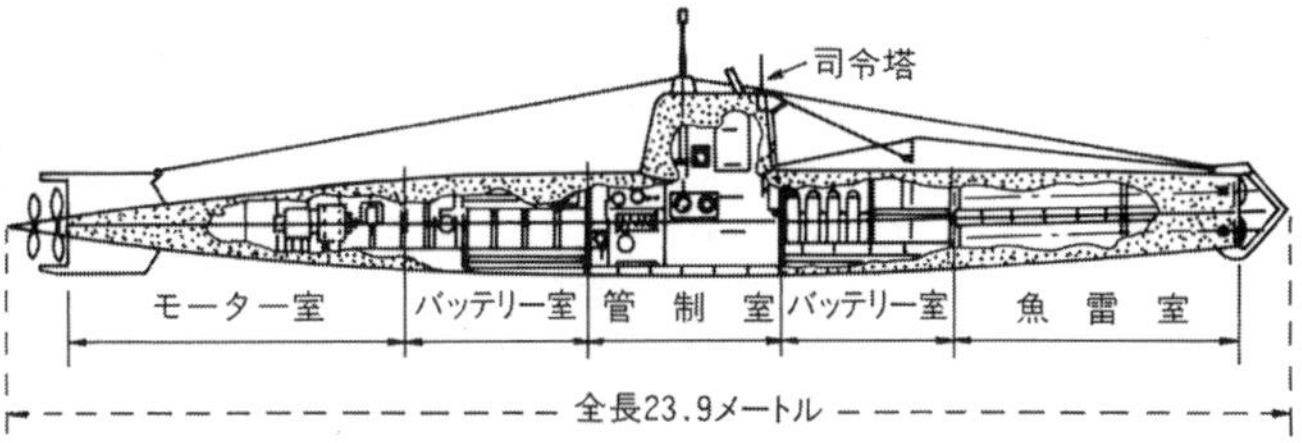

「特潜艇」搭載の大型潜水艦

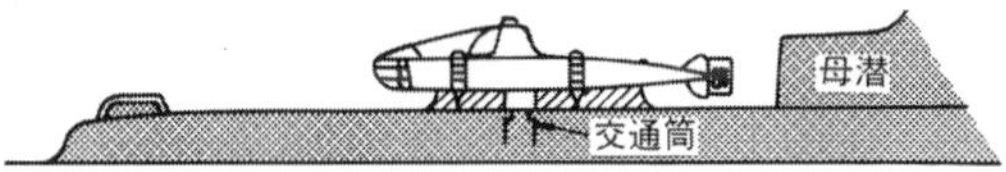

水艦である。安全潜航深度は百メートルで、動力はバッテリーによる六百馬力モーター一軸、水中潜航能力は最大速力十九ノット（時速約三十五・二キロ）でおよそ五十分、六ノット（時速約十一・二キロ）に落とせば約八十浬（約百四十八キロ）の航続が可能であった。抱く魚雷（四十五センチ）は二個。搭乗員は二名で、艇長（士官）は司令塔に位置して操舵《そうだ》運航し、艇付（下士官）は艇の浮上や潜水、姿勢制御を行うバルブとバラスト操作を担当する。

昭和十五年十一月十五日付で岩佐直治《いわさなおじ》中尉と秋枝三郎《あきえださぶろう》中尉の二名がまず搭乗員に命ぜられ、広島県の倉橋島大迫付近で訓練に入り、翌十六年四月には第一期搭乗士官十二名中の十名と下士官十二名が発令され、訓練基地を愛媛県瀬戸町の三机湾《みつくえわん》に移して秘密訓練に入っていた。そして九月に入ってからは、訓練基地を三机湾から真珠湾口に似ている宿毛湾の中城湾に移して応用訓練を開始していた。「千代田」の原田艦長が、岩佐中尉を同道して初めて山本長官に特殊潜航艇による真珠湾潜入攻撃案の採用を懇願したのはこのころである。

もちろん原田艦長も岩佐中尉も、そのとき真珠湾奇襲攻撃案が練られ、密かに進行していることなどは露ほども知らなかった。あくまでも「開戦の暁には……」という前提の上であった。まったくの偶然の一致であった。

原田大佐たちはその後も航続時間の延長をするなど、搭乗員の収容手段を研究し、十月初めに再度山本長官に具申し、山本は「暗黙の承認」を与えたという。そして十月十一日から十三日まで、連合艦隊旗艦「長門」艦上で行われた図演の際に、特殊潜航艇のハワイ作戦参加は正式に決められたのだった。

ところが特殊潜航艇は、それまでの訓練では作戦海面には母艦に搭載されて進出することを前提にしていたが、本作戦では大型潜水艦に搭載されることになったのだ。もちろん特殊潜航艇を搭載するよう作られた潜水艦などなかったから、特別攻撃隊に編入された五隻の丙型潜水艦（伊十六、伊十八、伊二十、伊二十二、伊二十四）の改良工事と実験は、呉工廠と佐世保工廠で突貫作業で行わなければならなかった。

そして工事と試験潜航がおおむね終わったのが十一月十日で、特殊潜航艇に乗り組む十名の

特殊潜航艇の乗組員。前列左から広尾彰少尉、横山正治中尉、岩佐直治大尉、古野繁実中尉、酒巻和男少尉（以上は特潜艇指揮官）。後列左から片山義雄２曹、上田定２曹、佐々木直吉１曹、横山薫範１曹、稲垣清２曹（以上は艇付下士官）。

搭乗員が最終選考され、それぞれの母艦潜水艦に配乗したのもこの日だった。さらに出撃を一週間後の十一月十八日とされたため、母艦潜水艦は出撃準備に追われ、ついに特殊潜航艇との満足な合同訓練も行うことができないまま出撃せざるを得なかったのだった。

出撃に先立つ十一月十四日、呉鎮守府で第六艦隊の清水司令長官出席のもとに、各潜水艦の幹部と特殊潜航艇指揮官を集めた作戦会議が行われた。清水長官は、そのとき山本長官から「隊員収容の見込みがない場合は、今からでも特殊潜航艇の攻撃は取り止めるように」念を押されていたが、隊員たちは生還などは眼中にないらしく、まさに意気軒昂《いきけんこう》だったという。

さらに山本長官は、出撃前日の十七日夜に、呉《くれ》水交社で行われた特別攻撃隊の最終打ち合わせの席に、連合艦隊水雷参謀の有馬高泰中佐を参加させ、「特殊潜航艇の湾内進入は必ずしも強行するに及ばず、また搭乗員の収容には万全を期するよう」伝言させている。山本長官の胸中からは、特殊潜航艇の出撃の不安は最後まで去らなかったのだ。そして不安は、やがて現実のものとなるのである。

ホノルルの秘密情報員

海上は相変わらずうねりが大きいが、天候は良好だった。十一月二十八日、機動部隊は新聞電報を傍受し、二十六日にハル国務長官が日本の提案に対する回答を文書で手交してきたこと、その内容は不明であるが、海外の消息通は最後通牒《さいごつうちょう》であろうと伝えていることを知る。いわゆる「ハル・ノート」である。

十一月二十九日、軍令部第一部長の福留少将から「日米交渉、前途絶望」の電報が入る。電文には「米国は二十六日態度急変、俄然《がぜん》強固となり、野村大使に手交したる文書（「ハル・ノート」）によれば、四原則の承認、支那および仏印からの撤兵を要求し日米会談決裂は必至となれり」とある。

開戦は必至の情勢だ。機動部隊の司令部には安堵《あんど》の色が広まる。日米会談の進捗《しんちょく》によっては作戦中止、機動部隊はいかなる状況にあろうともただちに引き返すことを厳命されていたからである。

この日、海上は小雨まじりの曇り空で、霧が発生し、視界はきわめて悪かった。しかし、海上は平穏で、機動部隊は予定通り東進を続けていた。あとの心配は英米や第三国の艦船との接触だけである。もしハワイ進撃中にアメリカ艦艇に発見された場合、宣戦布告前であれば演習でもしているような恰好でさり気なく引き返し、敵が攻撃をしかけてきたり布告後であった場合はただちに応戦、徹底撃滅をはかることになっていた。

だが、航程の約半分に到達した十二月一日を迎えても、他国の艦艇や商船の姿は見かけない。風速は十三から十七メートルと激しいが、予想していた荒海からすれば航海日和といえる。「利根」「筑摩」からなる第八戦隊参謀の藤田菊一《ふじたきくいち》中佐は、「音に聞く北太平洋の冬海も御稜威《みいつ》の下に其の猛威をひそめたる感あり」と、その日誌に記した。あとは、開戦のX日《デー》を知らせる連合艦隊からの電令を待つだけである。

ハワイの総領事館からの情報も入りはじめていた。なかでも十二月二日午後十時に軍令部から発信されたハワイ情報は詳細なものだった。

「A情報」と呼ばれた内容は次のようなものだった。

十一月二十八日午前八時（ハワイ時間）真珠湾の情況左の如し
戦艦二（オクラホマ、ネバダ）、空母一（エンタープライズ）、甲巡二、駆逐艦十二以上出港。
戦艦五、甲巡三、乙巡三、駆逐艦十二、水上機母艦一、以上入港。但し入港せるは十一月二十二日出港せる部隊なり。
十一月二十八日午後に於ける真珠湾在泊艦を左の通り推定す
戦艦六（メリーランド型二、カリフォルニア型二、ペンシルバニア型二）
空母一（レキシントン）
甲巡九（サンフランシスコ型五、シカゴ型三、ソルトレイクシティ型一）
乙巡五（ホノルル型四、オマハ型一）

ハワイ情報は、この後も軍令部経由で刻々と送られてきた。喜多長雄ホノルル総領事と「外務書記生・森村正」こと吉川猛夫予備少尉の努力の賜物だった。

十二月四日も機動部隊が進む太平洋は雨と時化《しけ》で大荒れだった。しかし夕方から海上は次第に凪《な》ぎ始め、落ち着きを取り戻してきた。そしてこの日も午前三時五十分（日本時間）に機動部隊はハワイからの「A情報」を受信した。

日米開戦直前の真珠湾。眼下に見えるのは潜水艦基地と太平洋艦隊司令部の建物。1941年10月30日撮影。

A情報　十二月三日二十三時発信
十一月二十九日午後（ハワイ時間）、真珠湾在泊艦は左の如し
A区（注・海軍工廠とフォード島間）
KT（海軍工廠北西岸壁）……ペンシルバニア、アリゾナ
FV（繋留《けいりゅう》泊地）……カリフォルニア、テネシー、メリーランド、ウェストバージニア
KS（海軍工廠修理岸壁）……ポートランド
入渠《にゅうきょ》中　甲巡二、駆逐艦一
その他　潜水艦四、駆逐母艦一、哨戒艇二、重油船二、工作船二、掃海艇一
B区（フォード島北西方、同島付近海面）

ＦＶ（繋留泊地）……レキシントン

その他　ユタ、甲巡一（サンフランシスコ型）、乙巡二（オマハ型）、砲艦三

Ｃ区（東入江）

甲巡三、乙巡二（ホノルル型）、駆逐艦十七、駆逐母艦二

Ｄ区（中央入江）

掃海艇十二

Ｅ区　なし

十二月二日午後（ハワイ時間）まで変化なし。未だ待機の情勢にありとは見えず。乗員の上陸も平常通りなり。

機動部隊の参謀たちは、まるで目前に真珠湾基地を見ているようなＡ情報の詳細さに驚嘆すると同時に、ますます身の引き締まるのを感じていた。

新高山登レ一二〇八

一路ハワイに向かう機動部隊が、いよいよ一八〇度線を越えて西半球に入ろうとしていた十二月一日、東京では午後二時から御前会議が開かれ、開戦を決定していた。原案はすでに十一

月二十九日の政府連絡会議で決定されていたから、形式的に天皇の允裁《いんさい》を得るだけである。

対米英蘭開戦の件

十一月五日決定の「帝国国策遂行要領」に基く対米交渉は遂に成立するに至らず
帝国は米英蘭に対し開戦す

そして翌十二月二日、作戦開始を十二月八日とする件も允裁を得、山本五十六連合艦隊司令長官は午後五時三十分、機動部隊に「新高山登レ 一二〇八」を打電した。すなわち「X日ヲ十二月八日トス」の隠語である。

洋上の機動部隊が、待ちに待ったこの隠語電文を受信したのは午後八時であった。この日も洋上は前日に引き続いて雲が多く、南の風は風速十六メートルから二十三メートルを記録していた。しかし前日の「飛龍」「蒼龍」に次いで、この日も第一航空戦隊の空母「赤城」「加賀」、第三戦隊の戦艦「比叡」「霧島」への燃料補給は無事に済ますことができた。あとは「新高山登レ」を待つだけだったのである。

南雲長官とともに機動部隊を進撃させている第一航空艦隊の草鹿参謀長は、そのときの心境をこう回想している。

「これまでは機動部隊指揮官としては『開戦』とくるか、『引き返せ』と命ぜられるか、通信は信頼していたものの、やはり一抹の不安は拭《ぬぐ》いきれなかったが、いまやこの電報により作戦一本に没頭できることとなった。この『新高山登レ』を受信した時は、青天に白日を望むような気持ちになった」

十二月三日は単冠湾出港以来の荒天だった。南よりの風は二十メートルを越え、各艦の動揺が大きく燃料補給は断念しなければならなかった。だが、敵も荒天のために哨戒飛行ができないから、艦隊には好都合ともいえた。

こうして、単冠湾を出て以来一路東進してきた機動部隊は、十二月四日の午前四時、いよいよC点と呼ばれた北緯四一度、西経一六五度の待機地点を通過、予定どおり針路を変更して南下を開始した。ハワイでは一日遅れの三日である。前日来の荒天は収まらず、南西寄りの風は最大風速三十五メートルを記録していた。(以後はハワイ現地時間を使用)

夜が明けると、視界は不良ながら海上は平穏になり、隠密行動には絶好の状態になった。この絶好の天候は翌日も続き、機動部隊はいよいよ攻撃開始地点を目前にした。そして、ハワイ時間の十二月六日午前十一時、機動部隊は「連合艦隊電令第十三号」を受信した。

「皇国ノ興廃繋リテ此ノ征戦ニ在リ、粉骨砕身各員其ノ任ヲ完ウスベシ」

三十分後の午前十一時半、機動部隊の旗艦「赤城」は、そのマストにDG信号旗を掲げた。

真珠湾を目指して船足を速める南雲機動部隊。左から戦艦「比叡」「霧島」、空母「翔鶴」。

三十五年前、東郷平八郎連合艦隊司令長官が、ロシアのバルチック艦隊を目前にした日本海海戦で掲げたZ旗と同じ意味を持つ信号旗である。「皇国ノ興廃此ノ一戦ニ在リ　各員一層奮励努力セヨ」という。

そのころホノルルでは、吉川猛夫予備少尉が、もしかしたら最後になるかもしれない艦隊偵察のためタクシーに乗っていた。運転手は吉川が赴任以来頼んでいるジョン三上という日系二世で、オアフ島の軍事知識が驚くほど豊富な男だった。

まず吉川は朝の偵察と同じにアイエアに行って真珠湾内の艦艇群を見下ろし、さらにハイウエーを通ってパール・シティの波止場にタクシーを止めた。そして桟橋の近くで日系の老人が経営する喫茶店に入り、目の前に碇泊するアメリカ太平洋艦隊に目を凝《こ》らした。そして、アッと思った。朝の偵察のときには、たしかに空母二隻と重巡洋艦十隻を含む全艦隊がいたのに、いまは空母と重巡の姿はどこにもない。

吉川は急いで総領事館に戻った。そして、この日二回目の報告書を大急ぎで作り、喜多総領事を経由して東京に打電した。

ホノルルからの暗号電は軍令部で海軍の暗号に直され、第一回目は午後五時に機動部隊に発信された。

七日一二〇〇受信（日本時間）

A情報

一、五日「オクラホマ」「ネバダ」入港（出動期間八日間）

同日「レキシントン」及甲巡五隻出港ス

二、右ニ依《よ》リ　五日一八〇〇（日本時間）碇泊艦船左ノ通

戦艦八隻　軽巡三隻　駆逐艦十六隻

入渠中ノ「ホノルル」型四隻及駆逐艦四隻

七日二一三〇受信（同）

一、六日「ホノルル」方面飛行阻塞《ソサイ》気球ヲ使用シ居ラズ

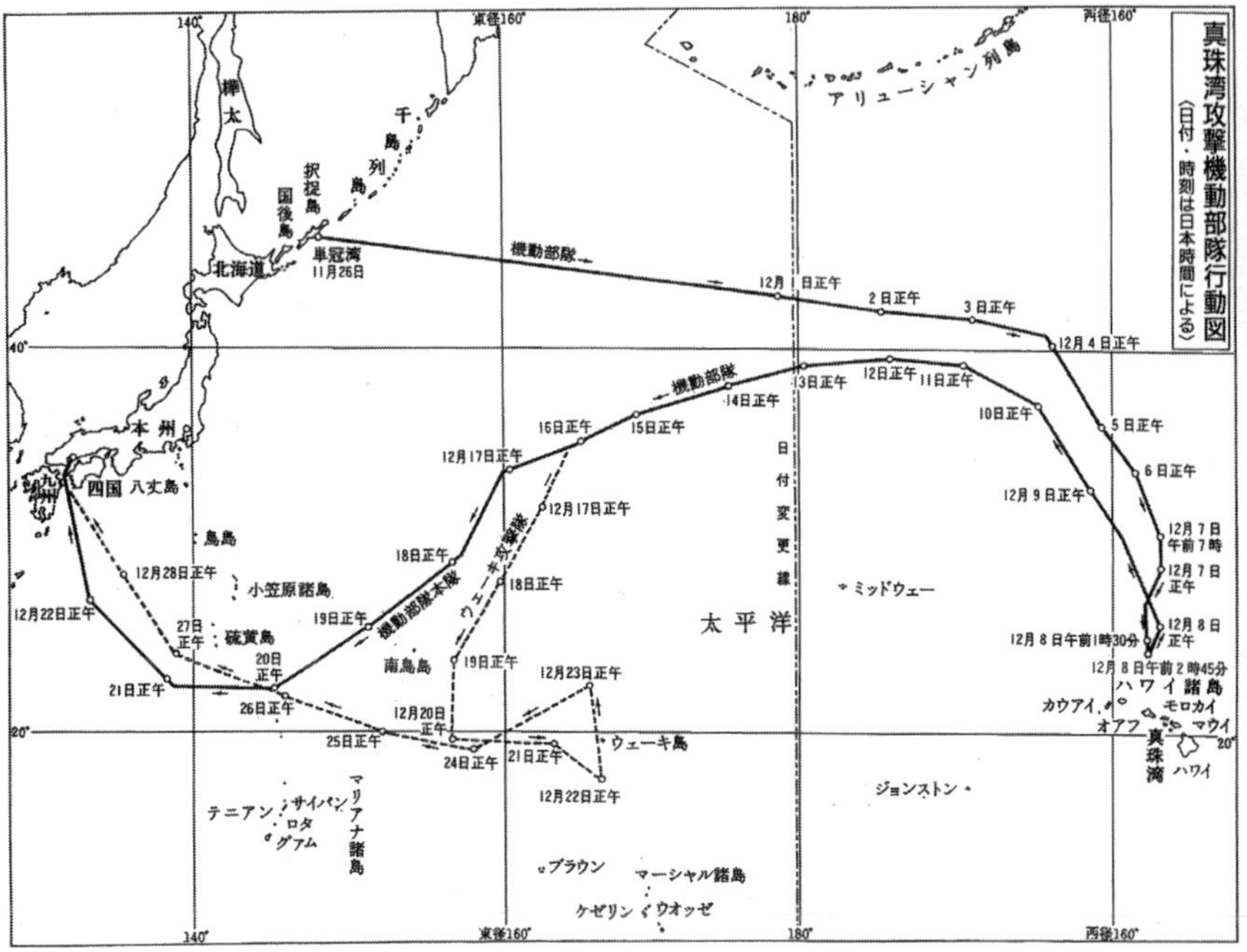

二、布哇《ハワイ》諸島方面飛行哨戒ヲ行ヒ
居ラズ
三、「レキシントン」「エンタープ
ライズ」出動中

　そして吉川少尉の最後の情報は、午後六時に軍令部から機動部隊に発信された。

七日二二四〇受信（同）

一、A情報
　1　地方時（ハワイ時）五日夕刻
「ユタ」及水上機母艦一入港
六日ノ在泊艦ハ戦艦九隻、軽
巡三隻、潜母三隻、駆逐艦十
七隻、入渠中ノモノ軽巡四隻、
駆逐艦二隻
　重巡及航空母艦ハ全部出動

シアリ
　艦隊ニ異状ノ空気ヲ認メズ
2「ホノルル」市街ハ平静ニシテ灯火管制ヲ為シ居ラズ
二、大本営海軍部ハ必成ヲ確信ス

このホノルルからの正確な情報は、作戦を成功に導いた大きな要因であったことはいうまでもないが、攻撃隊員の士気を大いに高める効果をもたらした。

第5章

全軍突撃セヨ

攻撃隊全機発艦す

昭和十六年（一九四一年）十二月六日夕刻、南雲機動部隊は第一次攻撃隊を発進させるハワイの北二百三十浬（約四百二十六キロ）の地点に向けて南下を続けていた。発進地点は何回もの図上演習で研究に研究を重ね、決められたものである。この地点から発進すれば攻撃を終了して帰還するのに十分余裕ある距離であり、燃料も不足することはない。

第一航空艦隊の航空参謀（乙）として源田参謀とともにあった吉岡忠一少佐は、その回想記に記している。

――ホノルルのラジオ放送を傍受すると、賑《にぎ》やかなジャズ放送がはいり、平和な土曜日の様子が手に取るように聞えてきた。

わが企図は完全に秘匿《ひとく》され、奇襲攻撃は成功することが確実だった。

突然、源田参謀から意見具申がなされた。

「第二波（第二次攻撃隊）の空襲部隊の発進地点を現在のハワイの北二百十浬よりさらに二十浬突っこみ、百九十浬とし、また空襲部隊を発進してから、初めの行動予定である、ただちに反転して避退しながら部隊を収容するのを変更し、発進後さらに二時間突入するのはいかがでしょうか」

攻撃隊の発艦を目前に、出撃準備に追われる空母の乗組員たち。

　この案は奇襲攻撃の成功した現在は何でもなく聞えるが、たいへんな案であった。初めの予定では二百十浬（約三百八十九キロ）まで近寄り攻撃隊を出し、二百五十浬まで離れて攻撃部隊を収容しようとするのである。これでも攻撃部隊は十分に燃料に余裕はあるように計画されていた。

　それを百五十浬（約二百七十八キロ）まで母艦がハワイに近づいて、攻撃隊の帰って来るのを容易にしようとするものである。

　この計画変更は、敵情の変化を十分に考慮できる剛胆《ごうたん》緻密《ちみつ》な名将でなければ考え及ばない、まことに立派な名参謀の提言である。

　南雲長官はすぐに賛成し、増速して南下すると同時に、全艦隊に指令した——（増

いよいよ出撃。隊員は艦長に敬礼し、艦長は「所定命令に従って出発！」と命令を与えた。

刊『歴史と人物』昭和五十六年九月発行「ハワイへの道程」所載）

こうして機動部隊は速力を二十四ノット、キロに直せば時速四十四キロ強の速度で発進点に向かった。艦内は攻撃隊員を除き総員配置で、ほとんどの者はまどろむ程度で発進を待った。攻撃計画の立案者であり、航空参謀である源田中佐もその一人で、早めに起きて軍令部から送られてきた真珠湾の米艦隊の配置報告をもう一度検討していた。自分の意見具申で機動部隊を予定より前進させ、さらに前夜、南雲長官から「俺は機動部隊を無事に攻撃地点まで引っ張ってきた。これからは君と飛行部隊の責任だぞ」と言われている。念には念を入れたかったのだ。

その飛行部隊の総指揮をとる淵田美津雄《ふちだみつお》中

下田飛行長から出撃前の訓示を受ける「瑞鶴」の攻撃隊員。

佐は午前五時に目を覚ました。母艦「赤城」はかなり激しく上下左右に揺れていた。彼は他の搭乗員たちがそうであるように、赤いシャツを着込んだ。敵の対空砲火や機銃で負傷し、シャツに血がにじんでも他の搭乗員に無関心を装えるからである。赤シャツの上には一番いい飛行服を着た。そして士官室に行くと、雷撃隊の指揮をとる村田重治少佐が朝食をパクついていた。

「お早う、大将。ホノルルは眠っていますぜ」

と、いたずらっぽく笑いながら言った。

「どうして分かる？」

村田はお箸を指揮棒のように振りながら言った。

「ホノルルのラジオはソフト・ミュージックをやってますぜ。万事うまくいってる証拠じ

出撃命令が出て愛機に向かう攻撃隊員。

ゃないすか」

食事を終えた淵田中佐は、南雲長官に呼ばれた。会議室に長官を訪ねると、参謀たちに囲まれた長官は海図を注視していた。目を上げた長官は淵田に視線を向けてなにか言おうとした。しかし、言葉を飲み込んだまま手を差し出し、「別に新しい情報はない。計画通り出発せよ」とだけ言った。

淵田は敬礼をして会議室を後にした。

淵田中佐が南雲長官に呼ばれたのは五時半過ぎである。発艦まではかなりの時間があった。海は大荒れで、波の高さは飛行隊の甲板を洗うほど逆巻《さかま》いている。このまま飛行隊の発艦を予定の午前六時まで待った場合、全機が発進するにはかなりの時間がかかるかもしれない。予定を繰り上げ、今すぐ発艦したらどうか……。もしか

出撃準備が整った空母「瑞鶴」の攻撃隊。

したら、南雲長官はそう言いたかったのかもしれない。

攻撃機を満載した機動部隊はオアフ島の北二百三十浬の発艦地点に到達していた。三隻ずつ二列に並んだ六隻の空母の飛行甲板には、すでに戦闘機、攻撃機の順で翼を並べている。そして各母艦は一斉に転舵《てんだ》して北寄りの風に艦首を立てた。

攻撃隊の総指揮官淵田中佐は南雲長官に挨拶し、搭乗員待機室に降りた。狭い待機室は搭乗員であふれ、通路にまではみだしている。その中に「赤城」艦長の長谷川喜一大佐もいた。

「気をつけッ！」

淵田中佐は号令をかけ、艦長に敬礼した。

「所定命令に従って出発！」

長谷川艦長は声を張り上げ、簡単に命令を与

母艦から出撃する攻撃隊を見送る甲板員。

えた。同時に、搭乗員たちは飛行甲板の愛機を目がけて走り去った。日の出三十分前である。

以下は淵田中佐の手記の一部である。

——私はその一番あとから待機室を出て、ひとまず発着艦指揮所へのラッタルを登った。肩をチョイと叩《たた》くのがいた。振りかえると源田参謀であった。二人は顔を見合わせてニヤッと笑った。無言であった。しかしお互いに通じた。

発着艦指揮所では、すでに配置についている発着艦作業員になにかと指示していた飛行長の増田中佐が、私を見て、

「隊長、動揺はひどいが夜間発艦はどうだろうか？」

成程、海はいよいよ時化ている。風は艦橋にうなり、しぶきはときどき飛行甲板にもあがってくる。空は墨を流したように真黒であった。

順を追って次々と母艦から出撃する攻撃隊機。

まだ水平線はハッキリしない。

だが私は答えた。

「ローリングよりピッチングがひどいですね。しかし、なあに大丈夫ですよ。ピッチングの周期を見はからいながら一機一機とチョークを外して出して下さい。では」

と私は発着艦指揮所に集っている人々に会釈《えしゃく》した。指揮所にはめったに姿を見せたことのない軍医長まで見送りに来ていた。

人々の力強い激励や挨拶の声を背にして、私は搭乗機の方に歩みよった。私の搭乗機には総指揮官機の識別が尾翼一杯に黄と赤とで彩《いろど》られてあった――（別冊『知性』昭和三十一年八月号所載「真珠湾上空一時間」）

発進を指示する指揮所の青い信号灯が大きく円弧を描く。エンジン音を一段と高くした零式戦闘機が滑り出す。飛行甲板が波のうねりでぐらっと傾く。そして次のうねりが甲板を揺り戻す間隙《かんげき》を縫って最初の一機が離艦した。続いて次の零戦があとを追う……。

「かくして第一波、戦雷爆連合の一八三機は、六隻の空母から飛び立った。そして夫々《それぞれ》指揮官機のオルジス灯をたよりに、約十五分で全飛行機は集合を終り、編隊を整えた。私の総指揮官機は先頭にあって、第一波攻撃機群を誘導している。私は艦隊上空を大きく一旋回して、旗艦赤城上空からオアフ島に一路機首を向けた。時に午前一時四十五分（ハワイ時間午前六時十五分）であった」（同前誌）

真珠湾に突入した特殊潜航艇

淵田美津雄中佐に率いられた第一次攻撃隊百八十三機が発進して間もない午前六時半ごろ、真珠湾口では早くも日米の戦いが開始されていた。真珠湾奇襲に参加した五隻の特殊潜航艇と米駆逐艦の戦いである。

この日、機動部隊の搭乗員たちが、はるか洋上で目を覚《さ》まし始めたころの午前三時四十二分、米海軍の掃海艇「コンドル」号の乗組員R・C・マックロイ予備少尉は、湾口浮標の外方二浬近くで真珠湾口に向かっている潜望鏡を発見した。マックロイ予備少尉はただちに近くを哨戒していた駆逐艦「ワード」に発光信号で報告した。艦長のウィリアム・W・アウターブリッジ

1960年7月18日に、19年ぶりに真珠湾の海底から引き揚げられた日本軍の特殊潜航艇の1隻。

大尉は総員戦闘配置を命じ、三十分間近く辺《あた》りを捜索したが、不審な潜望鏡は発見できなかった。

しかしワードはあきらめなかった。そして潜望鏡を発見したのは六時半過ぎだった。アウターブリッジ大尉はコンドル号が先に発見した同一艦と信じていたが、戦後、さまざまな資料から推定するに、この特殊潜航艇は別の艇であったらしい。『トラ トラ トラ』の著者ゴードン・W・プランゲ（元メリーランド大学歴史学教授）によれば、午前三時四十二分にコンドル号が最初に発見したのは、おそらく横山正治《よこやままさはる》中尉の艇ではなかったかという。

理由は二つある。一つは横山艇の親潜水艦伊号十六がその日の夕方、横山艇からの「攻撃成功す」の無電を受信していること。もう

ハズバンド・E・キンメル海軍大将（太平洋艦隊司令長官解任後、少将に戻る）

一つは、午前五時前、掃海艇「クロスビル」号を入港させるために湾口の防潜網が一度開かれていることである。もしかしたら横山艇は、このクロスビル号の後について湾内潜入に成功していたのではないかというのだ。そしてワードが六時半過ぎに〝再発見〟した艇は広尾彰少尉艇だったかもしれないと推定する。

それはともあれ、小型潜水艦の司令塔のようにも見え、大型艀《はしけ》「アンターレス」の後について水を切りながら湾口の防潜網を突破しようとしている不審な潜水艦に、ワードはためらいなく砲撃を加えた。一発目は外れたが、二発目が司令塔に命中した。さらにワードは爆雷を投下し、小さな潜水艦を撃沈した。午前六時四十五分のことである。この小型潜水艦は、もちろん日本の特殊潜航艇五隻のうちの一隻だったが、日米戦争の火ぶたは、実はこのワードと特潜によって切られ、最初の戦死者は日本側に出たのである。

午前六時五十三分、ワードのアウターブリッジ大尉はハワイ地区の海軍司令部である第十四海軍区司令部に「防衛区域を行動中の潜水艦を攻撃、砲撃、爆雷攻撃をし、これを撃沈した」と報告電を打った。だが、アウターブリッジ大尉の撃沈報告は、司令部員の誤解や形式主義にさえぎられて緊急電とはならず、アメリカ太平洋艦隊司令部の当直将校ビンセント・マーフィー中佐のもとに届いたのは午前七時二十分だった。その間の午前七時三分にも、駆逐艦「ワード」は音波探知機で新たな特潜を発見、爆雷攻撃を加えて撃沈数をふやしていた（プランゲ教授は「古野繁実中尉が指揮した艇だったようである」という）。

日本の攻撃隊にとって僥倖《ぎょうこう》だったのは、報告電報はさらにマーフィー中佐の手元で二十分間眠り、太平洋艦隊司令長官ハズバンド・E・キンメル大将の受話器に届いたのは七時四十分だったことである。もし、アウターブリッジ大尉の報告電報がただちにキンメル長官に届いていたならば、淵田美津雄中佐の第一次攻撃隊の奇襲はならなかったに違いない。そのころ淵田中佐の率いる百八十三機の攻撃隊は、まだオアフ島から二百キロ以上も離れた上空にあったからだ。

「トラ・トラ・トラ」我奇襲ニ成功セリ

キンメル大将が真珠湾を一望できるマカラパ台地の官舎でマーフィー中佐からの電話口に出たころ、淵田中佐は雲の切れ目からオアフ島の北端にあるカフク岬を眼下にしていた。先ほど聞いたホノルル放送の天気予報通り、ところどころに雲は浮いているが、真珠湾上空は青空が広がっている。奇襲で行けるか強襲になるか……、淵田中佐は操縦している松崎三男大尉に伝声管から言った。

「松崎大尉、左の方オアフ島上空をよく見張れ。敵の戦闘機が現れるかもしれない」

淵田もオアフ島上空を凝視した。点々とケシ粒のような奴（敵戦闘機）が現れたら奇襲は失敗である。しかし、ケシ粒は見えない。

「どうやら奇襲で行けそうだな」

淵田は松崎に言った。

「はあ、奇襲ができそうに思います」

「よーし、展開下命だ」

淵田は信号銃を取り上げると機外に向けて一発発射した。午前七時四十分、東京では八日午前三時十分だった。信号弾一発は奇襲を意味する。二、三秒おいて二発目が発射された場合は敵の反撃が予想され、攻撃は強襲で行うことを意味していた。

奇襲攻撃の場合は、まず村田少佐の雷撃隊が突入し、続いて板谷少佐の戦闘機隊が上空を制圧するために前方に出る。雷撃隊の艦艇攻撃終了を見きわめた水平爆撃隊が次いでそれらの艦艇を高度三千メートルから爆撃をする。同時に急降下爆撃隊と戦闘機隊は、それぞれ決められている飛行基地に攻撃を加える――奇襲の手はずはそうなっていた。しかし、敵の警戒が厳重で奇襲が不可能なときは、最初に急降下爆撃隊と水平爆撃隊が攻撃を仕掛け、敵の対空砲を牽《けん》制《せい》している間に雷撃隊が戦闘機隊の援護を受けながら降下して、海面スレスレから魚雷を発射する。

攻撃は奇襲である。眼下にはケシ粒も見えなければ対空砲の弾幕も現れない。各攻撃隊はただちに奇襲攻撃の展開に入っていった。ところが高空を飛んでいた「蒼龍」の戦闘機隊長・菅《かん》波《ば》政治《まさはる》大尉には断雲に遮《さえぎ》られて信号弾が見えなかった。決められた行動をとっていない菅波隊を見た淵田中佐は、信号弾を見落としたのかもしれないと思い、しばらく待った後で念のためにもう一発発射した。それを見た急降下爆撃隊の指揮官・高橋赫一《たかはしかくいち》少佐は〈信号弾二発の強襲〉と判断、突撃態勢に入ってしまった。

淵田中佐は双眼鏡を真珠湾に合わせた。

「一隻、籠《かご》マストの戦艦が視野に入る。いる！　いる！　三脚マストもいた。一つ、二つ、三つ……と目で追いながら胸で数える。戦艦の巨大な姿もいた。全部で八隻、まさにアメリカ太平洋艦隊の戦艦全力の在泊であった。私は目がしらがジーンと熱くなるのを覚えた。

私は時計を見た。時刻は午前三時十九分を示している。頃はよしと私は思った。今から突撃を下令すれば、先頭隊の攻撃が午前三時半（ハワイ時間午前八時）かっきりに火蓋《ひぶた》を切るであろう。

私は電信員を振り返った。

『水木兵曹、総飛行機あてに発信……、全軍突撃せよ』

水木兵曹の指が電鍵《でんけん》をたたく。簡単な略語〝トトト〟である。

『隊長、突撃の発信放送終わりました』

『ヨーシ』

時に十二月八日午前三時十九分（ハワイ時間七日午前七時四十九分）であった」（前出・別冊『知性』

「真珠湾上空一時間」）

見下ろす真珠湾一帯には朝靄《あさもや》がたちこめている。静かな景色が広がる。まだ空中戦闘はどこにも起きていない。奇襲は成功らしい。

「私はまたも電信員を振り返った。

『水木兵曹、甲種電波で艦隊あてに発信……我奇襲に成功せり』

水木兵曹は待ってましたとばかり電鍵をたたいた。略語トラであった。トラ・トラ・トラと放送したのである。そして暫《しばら》くして、

『隊長、先の発信、赤城了解』

と報告した。時に午前三時二十三分、突撃を下令してから四分後であった」（前出書）

ハワイ時間午前七時五十三分である。

修羅場と化した真珠湾・攻撃隊隊員の証言

攻撃の第一弾は陸軍の重爆撃機が行儀よく並んでいるヒッカム飛行場に投下された。ついで海軍のフォード基地と陸軍の戦闘機基地ホイラー飛行場が爆撃を受けた。強襲と勘違いした高橋赫一少佐が指揮する急降下爆撃隊が、二派に分かれて行ったのだ。ヒッカムからもうもうと黒煙が上がり、オアフ島の中心の山間部にあるホイラー飛行場からも、そして真珠湾に浮かぶフォード島の基地からも次々と黒煙が吹き上がった。上空の淵田中佐は時計を見た。針は午前三時二十五分（ハワイ時間午前七時五十五分）を指している。淵田は五分早かったわいと思った。

雷撃隊を指揮する村田少佐は攻撃を急いだ。急降下爆撃隊の爆撃で真珠湾が黒煙で覆われる恐れが出てきたからである。フォード基地もヒッカム飛行場も、戦艦群が碇泊している泊地とは目と鼻の先である。戦艦群が黒煙に覆われれば確実な魚雷攻撃ができない。少佐は先頭に立ち、海面を舐《な》めるようにして戦艦の群れに突入した。

雷撃隊の最初の魚雷は「カリフォルニア」に放たれた。二本目と三本目は巡洋艦「ラレー」と標的艦「ユタ」（旧戦艦）に放たれたが、魚雷は二本とも現役を引退した老朽艦「ユタ」に命中し、転覆させた。四本目の魚雷は巡洋艦「デトロイト」を狙ったが、わずかに艦をかすめて泥の中に突き刺さった。

真珠湾上空に達した日本の攻撃隊。眼下の米軍基地では日本軍機の爆撃で早くも黒煙が巻き上がっている。

村田少佐は獲物を捜した。「テネシー」の外側につながれている最新鋭戦艦「ウェストバージニア」が無傷のようだった。村田少佐は発射した。魚雷は命中し、真っ白い水柱が数十メートルも立ち昇るのが目をかすめた。少佐は戦艦のマストすれすれで機首を上げ、上空への避退行動に移った。水柱は二つ、三つ、四つ……、あちこちで上がっていた。

村田少佐が発射する寸前、特別第四攻撃隊（雷撃）の指揮官・松村平太大尉（「飛龍」）も「ウエストバージニア」へ発射していた。同艦への第一撃となったのは、この松村大尉機の放った魚雷だった。

松村《まつむら》平太《へいた》大尉の回想（「飛龍」雷撃隊）

真珠湾に向かう機上で考えていたことは、ひたすら空母が湾内にいてくれること。そし

真珠湾の艦艇泊地から立ち上る黒煙を確認しながら上空を旋回する淵田隊長の水平爆撃機。

て魚雷が無事走って命中してくれることであった。血の出るような浅海面雷撃訓練を積んで、自信は持っている。だが、今度は訓練ではない。やり直しがきかない。魚雷が命中した後に死ぬのはかまわないが、海底に突き刺さったままになるのでは死んでも死にきれない。ただ、その思いだけであった。

午前三時五分(東京時間)、重巡「筑摩」の偵察機から敵状報告が入電した。だが、その中に「空母はいない」との明確な表現は含まれていなかった。空母を撃つことだけを考えていたわれわれとの意識の違いである。

「飛龍」と「蒼龍」の艦上攻撃機隊は、フォード島北側から攻撃を行うことになっていた。しかし「空母はいない」との表現がなかったために、われわれは最後まで空母の姿を捜し

真珠湾の米軍基地に対する日本軍の奇襲攻撃は成功だった。写真は黒煙を吹き上げる米軍基地。

て飛び回ることになった。

そのうちに、立ち上る煙で見えにくくなってきた。北側にはいない。南側に回った。分隊はバラバラになった。二番機だけがしっかりと後についている。やむを得ない、湾口上空まで回り込んでメリー岬から雷撃態勢に入る。だが、前を行く赤城隊の巻き起こす乱気流で機体が大きく揺れた。わずかの姿勢の狂いが、魚雷を一本無駄にする。いま思い起こしても冷や汗を禁じ得ないのだが、大きく右旋回してやり直しに入った。二番機は、まだついてくる。

燃料タンク群の上空を回って二度目の雷撃態勢に入る。今度は大丈夫だ。前方には北側から三番目、大型の戦艦の横腹が見えている。あとでわかったことだが、それが「ウェスト

黒煙に包まれるフォード島の惨状を、米兵たちは呆然と見つめるだけだった。黒煙を吹き上げているのは「ネオショー」。

バージニア」だった。

「発射！」

発射を確実にするために、偵察員と二人で同時に投下索を引く。

「走っています！」

偵察員が叫ぶ。

「当たりました」の声に振り返ると、巨大な水柱が見えた。目測高およそ二百メートル。

「うつせ！」

私は思わず叫んだ。写真を撮れとの意味であった。ところが偵察員の城武夫一飛曹が「写せ」を「射て！」と聞き違え、電信員の村井定一飛曹に「射て！」を命令してしまった。

七・七ミリ旋回機銃が唸《うな》り、そして弾丸は尾翼先端と操縦席風防とに張り渡された送信用アンテナを切断した。指揮官機でありながら、送信ができなくなった。

「違う、写真だ！」

もう一度叫ぶ。

無線機には他機が発信する戦果報告が次々と入ってくる。私も報告しなければならない。だが、アンテナを切断してしまったのではどうしようもない。私は避退行動に移った。ヒッカム飛行場上空で、「加賀」の雷撃機が燃えながら地上施設に突入するのが見える。この「加賀」では五機の雷撃機を失ったが、幸い「飛龍」の一次攻撃に参加した雷撃機八機は全機無事に帰還した。雨あられの対空砲火の中で攻撃をやり直した私の機も、どういうわけかまったくの無傷であった――。

後藤仁一《ごとうじんいち》中尉の回想（「赤城」雷撃隊）

「右下！」

偵察員の宮島睦夫《みやじまむつお》一飛曹が鋭い声をかけてきた。目を移す。雲の切れ目を通して渚《なぎさ》に打ち寄せる白い波頭《なみがしら》が見える。着いた。目指すオアフ島だ。

私の所属は「赤城」艦上攻撃機隊（雷撃）第一中隊第二小隊。中隊ごとの攻撃では間が空きすぎるので、第一次攻撃の雷撃隊四十機は、二列縦隊になって突入することになっていた。〈もし、村田隊長より少しでも前に出られたら、日米開戦の第一弾を自分が放つことになる〉と、私はひとり密《ひそ》かにほくそ笑んでいた。

午前三時十分、淵田隊長機から「突撃準備隊形つくれ」の信号弾が上がる。黒一発。雷撃隊、水平爆撃隊、艦爆隊、制空隊、それぞれの高度とコースに展開を開始した。雷撃隊は高度を下げつつ大きく左旋回をする。そして厚い雲の下に出た。単冠湾の「赤城」艦上で見せられた模型とまったく同じ光景が眼下に広がっている。戦艦の列、工場地帯、飛行場……。私の目標は戦艦列の北から二番目、外側につながれた艦（工作艦「ベスタル」）である。

高度五百。突撃命令。

下を見る。バーバーズポイント飛行場が後方へ飛び去っていく。私はさらに高度を下げながらヒッカム飛行場を目指した。高度五十。工場地帯上空でさらに左急旋回をし、入江上空で戦艦の横っ腹に機首を向けた。向け終わって愕然《がくぜん》となった。前方に林がある。戦艦の煙突、マスト、艦橋の林である。

どれが自分の目標なのか分からない。頭はパニック寸前だ。思いついて右を見た。二百メートル離れて村田隊長機が攻撃態勢に入っている。

〈あの前が一番だ。ならばオレは目の前にある艦橋の下にブチ込めばいい〉

安心すると同時に、またハッとした。機体の角度は？　傾斜は？　速度は？……、その一つでも狂っていたら、これまでの労苦が水のアワと消える。魚雷は海底に突き刺さってしまうのだ。計器に視線を走らせた。速度一六〇ノット、前後傾斜ゼロ……、文字にすれば長いが、前方の「林」に気付いてから一秒足らずのことである。

もう「ヨーイ！」の暇《ひま》はなかった。機の姿勢を確認するやいなや、私はいきなり「発射！」と伝声管に向けて叫んだ。

すかさず宮島一飛曹が投下索を引いた。ガタンという音とともに魚雷が機体を離れた。機体がフワリと浮き上がる。高度をそのままに、前方のマストと艦橋の間を飛び抜ける。はたして魚雷は走ってくれているだろうか……、頭の中にはそれしかない。

「走ってるか？」

宮島一飛曹に聞いた。

「走ってます。二本走ってます」

もう一本は村田隊長機のものである。そして間もなく「当たりました！」と歓声が聞こえてきた。

私はとっさに振り向いた。巨大な水柱がゆっくりと立ち上がり、そして崩れていくのがはっきり見えた。

〈やったあ〉

まさに手の舞い、足の踏むところを知らず。操縦席で躍り上がる心地であった。

だが、気がつくと、私の機をめがけて曳光弾《えいこうだん》が雨あられと追いかけていた。私は必死に右に左に機を滑らせながら弾丸を避けているうちに、だんだん恐ろしさが込み上げてきた。

しかし、任務は終えた。帰る前にもう一度うしろを振り向いた。とたんにガツンと音がして、右腕が動かなくなった。痺《しび》れている。

〈やられた！〉

気が動顚《どうてん》した。自爆。とっさに脳裏にその二文字が浮かぶ。対空砲火の直撃を受けたと判断したのである。だが、エンジンは快調に回っている。燃料計をのぞいた。タンクに損傷はないらしい。私は痺れた右腕はそのままに、操縦桿《そうじゅうかん》を左手に持ちかえて、とにかく集合地点に向かうことにした。

しばらく飛んだ。そっと右腕を上げてみる。何事もない。指を動かしてみる。楽に動く。なんのことはない、もう一度見ておこうと振り返った拍子に、ヒジをどこかにぶっつけただけだったのだ。「自爆する」なんてわめかなくてよかった。私はひとり密かに溜め息をついた。

私は宮島一飛曹に話しかけた。

「後ろから射ってきたタマ、気味悪かったな」

「え？　分隊士、前からも射たれてましたよ。知らなかったんですか？」

宮島一飛曹は落ち着き払っている。彼は歴戦の勇士、「赤城」最古参の偵察員である。艦隊最年少の操縦員だった私は、恥ずかしながら前から射たれていたことを知らなかった。機体を操ることに夢中だったのである――。

魚雷攻撃は時間にすればほんの一瞬の出来事といってもいい短時間の攻撃だった。しかし、その一瞬の間に、真珠湾に碇泊していた米戦艦群で魚雷を食わなかったのは「テネシー」と「メリーランド」だけだった。だが、この両艦も無事には済まなかった。水平爆撃隊が出番を待っていたからである。

雷撃機が機首を上げて飛び去るのを見た淵田中佐率いる水平爆撃隊の各嚮導機《きょうどうき》（爆撃時を教える先導機）は、すでに照準を絞っていた。米艦の対空砲火も盛んに火を吹き始めていた。陸上の砲台も火を吹き始めている。

ピシッと音がして淵田機がぐらりとゆれた。胴体後部の左側に大きな穴を開けられた。しかし、操縦には支障がなかった。淵田中佐は、早く嚮導機が投下索を引かないものかとやきもきしていた。ところが、嚮導機は目標をやり過ごしたらしく機体をチョイチョイと左右に振った。やり直しの合図である。

こうして淵田中佐が直率する「赤城」の一番中隊は針路を変更して再突入することになったが、他の各中隊は一斉に攻撃に入っていた。

日本軍の攻撃にさらされる戦艦「テネシー」と「ウェストバージニア」。背後の黒煙は戦艦「アリゾナ」のもの。

淵田隊が針路を戻し、攻撃に入ろうとしたとき、戦艦群の中から大爆発が起こった。「ウエストバージニア」とともに集中攻撃を受けている「アリゾナ」だった。水平爆撃隊の八〇〇キロ徹甲弾が第二砲塔近くに命中、貫通し、前部火薬庫を爆発させたのだ。どす黒く真っ赤な火焔《かえん》は三百メートル近くも立ち昇り、ドドドーンという爆発音はホノルル市中を揺るがした。

淵田中佐は双眼鏡で目標艦の「ネバダ」を捜した。しかし「ネバダ」は「アリゾナ」の黒煙に覆われ、よく見えない。「テネシー」も炎上している。隣の「メリーランド」が比較的〝軽症〟に見えた。淵田中佐は爆撃目標を同艦に変更するよう松崎大尉に命じた。

淵田中佐の別の手記『真珠湾上空六時間』

（昭和戦争文学全集『太平洋開戦』集英社刊）を見よう。

「今度はうまく照準ができたとみえて、嚮導機は爆弾を投下した。こちらもすばやく投下索をひっぱると、そのまま座席に腹ばいになって、下方の窓から、爆弾の後を眼でおう。四発の爆弾が、鼻先をそろえて、前下方へツーとのびていく。前方の海面には、横づけした二隻の戦艦が現われている。あたるかなと息をこらしてみつめる。爆弾はいよいよ小さくなって見失ったかと思うころ、左側の戦艦の方にパッパッと二つ白い煙があがった。

『二弾命中！』

私は思わずさけんだ」

雷撃機や爆撃機が攻撃に専念している間、板谷茂少佐の率いる制空隊の零戦は上空で米戦闘機の迎撃に備えていた。出現したのはわずか四機だったが、制空隊はことごとく撃墜していた。そして八時を過ぎると上空に敵機の姿はなく、板谷少佐は隊を八群に分けて各飛行場の地上攻撃に移った。

「コレハ演習デハナイ！」

米太平洋艦隊司令長官のハズバンド・E・キンメル大将が艦隊司令部の当直将校マーフィー中佐からの二回目の電話に出ているそのとき、司令部に一人の下士官が「日本機、真珠湾を攻撃中」と叫びながら駆け込んできた。

中佐はそのまま長官に報告した。驚いたキンメルは、まだ朝食もとらず、ヒゲも剃《そ》っていなかったが、受話器を叩きつけるように置くと、白い軍服のボタンを掛けながら表へ飛び出した。そして彼は真珠湾を一望できるマカラパ台地の官舎の庭に呆然と立ちすくんだ。

上空には日の丸をつけた飛行機が飛び交い、真珠湾は黒煙に覆われていた。そして、この朝八時に約束していたウォルター・C・ショート中将（ハワイ陸軍部隊司令官）とのゴルフは当然だめだが、輝かしい海軍生活もこれで終わったことを自覚した。

この朝、ハワイの米軍はいくつかのミスを重ねていた。日本の小型潜水艦（特殊潜航艇）撃沈の報告が、すみやかに司令長官のキンメル大将に届かなかったのもその一つだったが、オアフ島の移動式レーダーの一基が多数の機影を捕らえていながら、これも報告されずじまいだったのである。

オアフ島北端のカフク岬近くにあったオパナのレーダー基地は、オアフ島に配置された五つの基地の一つだが、午前六時四十五分、ジョゼフ・ロッカードとジョージ・エリオットという二人の信号兵は、オアフ島に近づいてくる一機の国籍不明機をレーダー・スクリーンに捕らえていた。本来ならここで、二人はただちにヒッカム航空基地に近いフォート・シャフターの情報センターに急報しなければならなかったのだが、日曜の朝でもあるし、友軍の哨戒飛行だろうとのんびり構えていた。だが、彼らがレーダー・スクリーンに捕らえた機影は、第一次攻撃隊に先立って機動部隊の第八戦隊の戦艦「利根」と「筑摩」から飛び立った、直前偵察の零式水上偵察機二機のうちの一機だったのである。

その一機、福岡政治《ふくおかまさじ》兵曹長ら三名の筑摩機搭乗員は、二人の米兵のお陰で午前七時二十五分、オアフ島を発見、高度三百メートルの低空で島の北西から進入し、ホイラー飛行場の上空をかすめて真珠湾に向かった。そして七時五十分に第一電を発信、続いて真珠湾上空から在泊艦艇の正確な第二電を発信したのである。

「真珠湾在泊艦ハ戦艦十、甲巡一、乙巡十」

さらに、その碇泊隊形を続け、「敵艦隊真珠湾ニ在リ、真珠湾上空　雲高一、七百メートル、雲量七」と打電した。また、ライハナ泊地に向かった利根機は、同泊地には艦隊がいないことを報告し、いずれも無事に帰投している。お陰でこの直前情報を受信した第一次攻撃隊は、真っしぐらに真珠湾に直行できたのである。

ジョゼフ・ロッカードとジョージ・エリオットの二人の兵士は、単機の機影が消えた直後、今度はオアフ島北方百三十マイル（約二百キロ）に大編隊と思われる機影をスクリーンに捕らえ、初めて情報センターに電話した。しかし、訓練見習いのために配置されていた若い当直将校のカーミット・タイラー中尉は、「よし、心配するな」と言ったきり、電話に取り合わなかった。

戦後の事情聴取によれば午前七時十五分ごろだったという。

彼は、この朝、カリフォルニアからハワイに到着予定の「空の要塞」といわれる十二機のB17爆撃機だとてっきり思ったのである。しかし、機密保持の上から、それを監視兵に言うわけにはいかないから、ただ「心配するな」とだけ言ったのだった。もちろん、これはタイラー中尉の誤算で、レーダーの大編隊は淵田美津雄中佐が総指揮をとる日本の第一次攻撃隊だった。

真珠湾に碇泊している艦艇の中にいて、最初に日本軍機の攻撃を知った指揮官は太平洋基地部隊指揮官のウィリアム・R・ファーロング少将である。ファーロングは基地部隊の旗艦である機雷敷設艦「オグララ」の後甲板を散歩しているときに、偶然にも高橋赫一少佐が指揮する急降下爆撃機が第一弾を投下するのを見た。しかし、それが日本軍機だとは思わず、〈爆弾投下装置をしっかり止めておかないとは、なんとも間抜けなパイロットだ〉と、一人舌打ちをした。

爆弾はフォード島南西端の水際に落ちて爆発した。そして〈間抜けなパイロット〉の操縦する急降下爆撃機が大きく左旋回をして湾外に向かおうとしたとき、ファーロング少将は翼の日の丸を見た。彼は、反射的に「日本軍だ！」「配置に付け！」と叫び、「オグララ」の通信室に飛び込んで「全艦艇ただちに出撃せよ」と命令を発した。だが、その「オグララ」自身、錨《いかり》を上げる前に日本軍機に魚雷をぶち込まれてしまった。

高橋少佐の急降下爆撃隊が格納庫をめがけて一機、また一機と舞い降りてくるのを見ていた兵士は他にもいた。陸軍のヒッカム飛行場の二人の整備兵である。

「ほら、また空中サーカスが始まるぞ」

と冗談をいい合った二人は、先頭の見なれない飛行機から何かが落ちるのを見た。一瞬、車輪かなと思った。

「あ、車輪……。いや違う、ジャップだ！」

胴体に真っ赤な日の丸を付けた飛行機が、こともあろうに次々と爆弾を投下し始めたではないか……。

第一弾が格納庫で爆発したとき、ジェームズ・モリソン大佐（陸軍航空隊参謀長）は飛行場内の宿舎でヒゲを剃《そ》っていた。そして激しい爆発音に飛び上がり、外に飛び出してみると格納庫はもうもうたる黒煙に包まれていた。上空からは星のマークに代わって日の丸を付けた爆撃機が、次々に襲いかかっている。

大佐はオフィスに飛んで行き、ハワイ陸軍管区司令部に電話をかけた。そして大声で怒鳴った。

「いま飛行場が爆撃されている、ジャップだ！」

受話器を取ったウォルター・フィリップス大佐（管区司令部参謀長）は、日曜日でもあるし、

日本軍の攻撃の最中、カリフォルニアから飛来してヒッカム飛行場にたどり着いたばかりのB-17爆撃機。翼の下から見える黒煙は、炎上する真珠湾内の戦艦「アリゾナ」のもの。

モリソン大佐が酔っ払ってわめいているのだと思った。フィリップス大佐が信用しようとしないのを知ったモリソン大佐は、受話器を窓の外に突き出し、相次ぐ爆発音を実況で聞かせた。

「これでも信用しないか！」

モリソン大佐は再び受話器に怒鳴った。

さらにアメリカのノンフィクション作家ジョン・トーランドは『真珠湾攻撃』（徳岡孝夫訳）の中で、こんな一場面も描いている。

「急降下爆撃機が、つぎつぎにフォード島へ突っ込んでいった。島のすぐそばに停泊していた戦艦アリゾナの上では、陸軍航空隊の演習と勘違いした水兵が、こぶしを振り上げて叫んだ。

『バカ野郎、墜落しちまうぞ！』

日本軍の攻撃で燃え盛るヒッカム基地の飛行機や施設。

真珠湾から東へ十キロのワイルペ海軍無電局では、無電士カール・ボイヤーが約三十キロ北東の海兵隊飛行基地が平文のモールス信号を打つのを聞いた。
《爆撃ト掃射ヲ受ケタ。敵襲ダ》
《シッカリセヨ、血迷ウナ》
と、ボイヤーは打ち返した。
《演習デハナイ。実戦ダ》相手は懸命に打電してくる。ボイヤーはその電文を書いた紙を上官のところへ持っていった。上官は、みんなといっしょに窓のところに群がって、はるか下、真珠湾のほうを見ていた。最初は全員が陸軍機の演習と思ったが、やがて対空砲火の白い煙が見え始めた。ボイヤーから電文を受け取った上官の顔は蒼白《そうはく》だった。
『ワシントンに向かって打て！　暗号はいらん

ぞ』

午前七時五十八分、ボイヤーが打った無電は全世界を震撼《しんかん》させた。

《パール・ハーバー空襲ヲ受ケル。コレハ演習デハナイ》」

無電士から電文を受け取り、キンメル大将へ緊急報告をするとともに、全世界を震撼させる電文「コレハ演習デハナイ」をワシントンに打電させた上官は、ハワイの海軍第二哨戒部隊指揮官パトリック・ベリンジャー少将である。

一方、ベリンジャー少将から急を告げられた現地の最高指揮官キンメル大将は、午前八時、全艦隊に対して「いま真珠湾が空襲されている、全艦艇はただちに真珠湾を脱出せよ！」と指令を発した。だが、時すでに遅かった。その三分前の午前七時五十七分、日本の雷撃隊は戦艦群に対して魚雷攻撃を開始していた。さらに八分後の八時五分には水平爆撃隊が襲いかかり、八〇〇キロの徹甲弾を巨艦の群れに雨あられと降り注いでいたからである。

大混乱の米太平洋艦隊

キンメル大将が迎えの車に飛び乗り、フォード島対岸の潜水艦基地内にある太平洋艦隊司令部に到着したのは八時五分ごろである。

そこは戦場のど真ん中だった。真珠湾の水道を挟んだ対岸の戦艦泊地は火の海だし、彼とそ

海面の黒い部分は沈没寸前の「ペンシルバニア」、「メリーランド」から噴き出した重油、先頭にある「オクラホマ」の甲板はすでに海水に浸っている。

の幕僚たちが立っている司令部の作戦計画室は間断ない日本軍機の爆撃の振動で揺れ続けていた。

しかし、直接攻撃にさらされている艦艇の乗組員にくらべれば幸せだったかもしれない。フォード島南側の水道には七隻の戦艦が碇泊していたが、真っ先に攻撃を受けたのは「オクラホマ」だった。三本の魚雷が左舷の艦腹にたて続けに命中し、艦はあっという間に左三〇度に傾《かたむ》いてしまった。

続いて狙われたのが「ウェストバージニア」で、左舷側から次々と水柱が上がった。しかし同艦はやや傾き加減になったものの、まだ致命傷にはなっていなかった。

「ウェストバージニア」が擱座《かくざ》するのは、雷撃に続いて襲ってきた爆撃機の命中弾だった。

まず水平爆撃機の大型爆弾は内側に碇泊している「テネシー」に命中した。一発は不発だったが、他の一発が二番砲塔を破壊した。その破片は隣の「ウェストバージニア」に飛び散り、艦橋にいた艦長のマービン・S・ベンニオン大佐に重傷を負わせていた。「ウェストバージニア」が二発の直撃弾を受け、海底に居座ってしまうのはその直後である。

工作艦「ベスタル」の内側に繋《つな》がれていた「アリゾナ」は、「ベスタル」の艦底を通過した一本の魚雷が一番砲塔の下に命中したが、これは致命傷にはならなかった。「アリゾナ」を悲劇の戦艦にしたのは、雷撃と急降下爆撃に続いて始まった水平爆撃隊の八百キロ爆弾四発が命中し、その中の一発が前甲板を突き抜けて火薬庫を爆発させたからだった。火薬庫の爆発は燃料貯蔵庫を誘爆させ、次の瞬間、「アリゾナ」は凄まじい爆発音とともに猛烈な火炎を吹き上げた。そして艦は真っぷたつに折れ、またたく間に沈んでいった。

「アリゾナ」の隣に繋留《けいりゅう》されている工作艦「ベスタル」の艦上には、艦体の破片に交じって乗組員の手足や頭など、身体のあらゆる部分が飛んできた。その中には、同艦にいたアイザック・C・キッド少将と艦長のフランクリン・バン・バルケンバーク大佐の遺体も含まれていた。海底に擱座しても黒煙と炎を上げ続ける「アリゾナ」の艦内や周辺の海上では、千人を超える将兵が死臭と火の海の中でのたうちまわっていた。

「メリーランド」は「オクラホマ」の内側にいたから魚雷攻撃はまぬがれたが、八時五分ごろから始まった空爆にさらされた。水平爆撃機の放った八百キロ徹甲弾は前甲板を貫通して船艙《せんそう》内で爆発し、続いて急降下爆撃機の二百五十キロ爆弾が雨あられと降り注ぎ、艦は大破した。

同じころ、戦艦列のいちばん南に一隻だけで繋留されていた「カリフォルニア」も爆撃を受けていた。すでに同艦は二本の命中魚雷を食っていたが、まだ浮いていた。それを、最初の進入時に照準を合わせきれなかったために再突入した、淵田中佐の編隊がはるか四千メートル上空から発見し、投下索を引いていた。八百キロ弾は弾薬通路で爆発し、やっと応戦態勢をとって砲塔にしがみついた五十人余の砲員を死に追いやった。

戦艦群の最北端に一隻だけで繋留されていた「ネバダ」は、なぜか他の艦よりも遅れて攻撃を受けたため、その間に湾外に逃れようと水路に向かってノロノロ動き出していた。しかし、日本の雷撃隊は見逃してくれず、とうとうそのどてっ腹に魚雷を打ち込んできた。しかし「ネバダ」はひるまず、フォード島の南東端に向かってヨタヨタ進んでいた。さんざん攻撃されながらも、どうにか持ちこたえていた「オクラホマ」が横倒しに沈んだのはちょうどそのころだった。

ハワイの米指揮官たちは、日本軍の攻撃でのたうち回るわが艦隊を目前に、ただ茫然とみつめるだけだった。しかし、艦上の将兵たちは勇敢だった。日本軍の攻撃直後、将兵たちは「総員配置」で反撃の引き金を引いていた。

僚艦がつぎつぎ炎上し爆発するなかで、「テネシー」は二発の命中弾を食っていたものの、それほどの損害は出ていなかったから、狙われた戦艦のなかでは一番応戦に活躍していた。むしろ「テネシー」の被害は、隣で大爆発を起こしている「アリゾナ」の破片が落下してきたための被害のほうが大きいくらいだった。

その「テネシー」に乗艦していた海兵分遣隊のロジャー・エモンズ上級曹長は、戦後に書いた手記『真珠湾』のなかで言っている。

「攻撃隊の第一波がやってきたとき、私は『テネシー』の第二甲板の海兵分遣隊事務室にいた。書記のジョージ・W・ダイニング一等兵は、机に向かって日朝点呼報告を作成していた。突然われわれは激しい衝撃を感じた。それはまるで、艦がそっくり横に押されたようだった。爆発音が少しも聞こえなかったので、他の艦がわれわれに衝突したものと思った。

その直後、非常警報装置が『総員配置につけ！』を報じた。（略）私の戦闘配置は五インチ（一二・七センチ）舷側砲だった。配置について初めて、私は何がおこったのかを思い知らされた」

エモンズ曹長が目にしたのは、フォード島のあちこちから立ち上ぼる黒煙と、前後に並ぶ僚艦が次々爆発・炎上する地獄絵図だった。そして上空からは、日の丸を付けた飛行機が群がって襲いかかってくる様《さま》だった。

「全乗組員はそれぞれの戦闘部署に向けて突進した。何の恐怖もおこらなかった。そのショックを経験した誰もが、いつでも自分の任務につける用意ができていた。兵士は、ただちに高角砲と機関銃の配置についた。最初の砲は、警報後三分以内に戦闘行動に入った。

次の四十分間、『テネシー』は爆弾と銃弾の嵐の中にあった。日本機はわが艦を再三爆撃し、低空攻撃で機銃掃射を開始した。『テネシー』の砲員は、不屈かつ決然とした態度で立派に戦った。彼等は砲を射撃し続け、日の昇る国から来た目じりの吊り上がった野郎どもをみな殺しにすること以外、何も考えなかった。容易な餌食《えじき》だと考えて舞い降りてきた敵機は、われわれの高角砲と機関銃による一斉射撃で迎えられた。そのような心からの歓迎を受け、日本の飛行士たちはその後『テネシー』を敬遠した」

日本軍機が姿を見せなくなったのは、エモンズ上級曹長のいうように「テネシー」を敬遠したわけではなかった。各機ともすでに魚雷や爆弾を撃ち尽くし、所定の攻撃を終え、はるか洋上の母艦に向かって帰途についていたからである。ハワイの米軍の記録では、日本軍機の攻撃が「小休止」したのは午前八時二十五分ごろであったという。

戦場に飛び込んだ第二次攻撃隊

日本の攻撃機が姿を消し、襲撃は終わったかに見えた。しかし、日本軍の襲撃はさらに続く。第一次攻撃隊の一時間後に発進した嶋崎重和《しまさきしげかず》少佐を総指揮官とする第二次攻撃隊百六十七機が、目前に迫っていたからである。嶋崎少佐直率の水平爆撃隊五十四機、江草隆繁《えぐさたかしげ》少佐指揮の急降下爆撃隊七十八機、進藤三郎《しんどうさぶろう》大尉指揮の制空隊三十五機である。

このとき、第一次攻撃隊の一機が真珠湾上空に残っていた。総指揮官機の淵田美津雄中佐の機である。淵田中佐は、戦果と未収容機がいないかどうかを確認するために、残存燃料ぎりぎりまで上空にとどまっていたのだ。

淵田中佐は真珠湾攻撃に関する手記をいくつか残しているが、ここでは『真珠湾上空六時間』から引用させていただこう。

「私は以後の戦闘の指導と、そのあと引き揚げの戦闘機をあつめ、誘導してかえらねばならぬので、居残っていた。そして、あちらこちらの戦況を観測し、戦果を判定していた。真珠湾も、各飛行場も、はげしい銃爆撃にさらされて、阿修羅《あしゅら》の姿であった。そこでは一時間前の威容は、すでに失われていた。

しかし、地上の対空砲火はますます激しさをくわえている。私は断雲をぬいながら、砲火をさけてその間隙《かんげき》から覗いていた。この間、一機の敵戦闘機にもみまわれなかった。オアフ島の制空権を完全ににぎったのである。

やがて午前四時二十分（注・東京時間・実際は四時二十五分）第二波空中攻撃隊指揮官嶋崎少佐の発した突撃下令の電波を耳にした。そしてまもなく、第二波の制空隊が進入してくるのを認

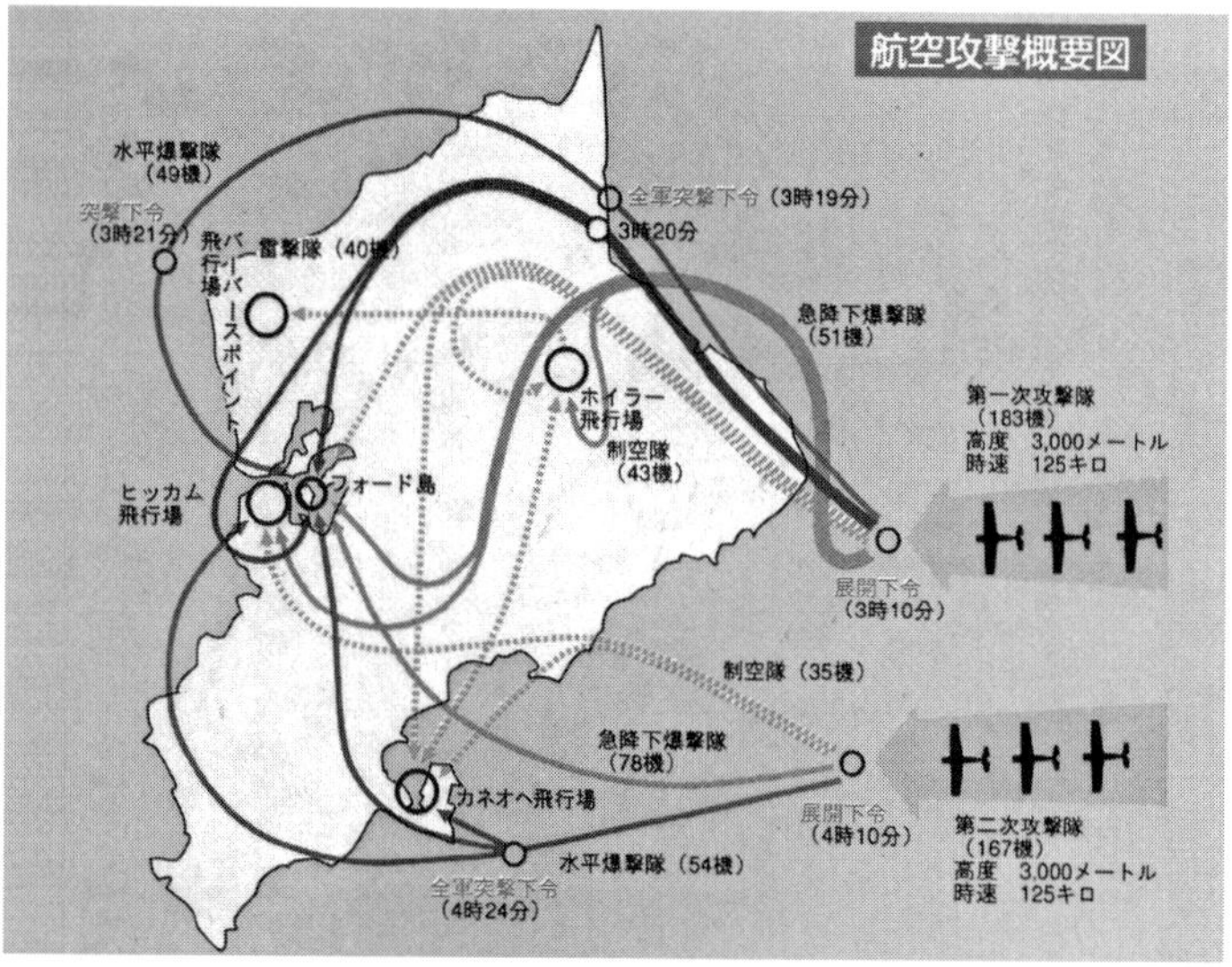

航空攻撃概要図

めた。つづいて、江草少佐のひきいる降下爆撃隊が、東海岸から山をこえて突撃してきた。江草少佐の搭乗機は、指揮官機標識としてまっ赤にぬっているので、遠目にもよくわかる。まっ赤なじゃじゃ馬が先頭にたっているのは、いかにも強そうで、ほほえましかった。

　断雲は次第にふかくなり、爆煙は空をおおって、目標の視認をさまたげていた。降下爆撃隊は四千メートルから急降下にはいろうとして、目標の視認と選択にくろうしているもようである。なかには、いったん低空におりて目標を見さだめてから、ふたたびまいあがって急降下にはいっているのもいる」

　この第二次攻撃隊の一団がカフク岬の上空に姿を現わしたのは八時四十分、第一次攻撃隊の機影が真珠湾の上空から姿を消してまもなくだった。そして八時四十三分に展開命令が出され、五十五分に「全軍突撃」が命ぜられた。

攻撃隊は岬の上空で三手に分かれ、まず最短距離をとる制空隊が主力をもってヒッカム飛行場を襲い、一部がカネオへ飛行場を攻撃した。続いて外側から水平爆撃隊がカネオへ、ヒッカム、真珠湾に突入した。中央経路をとる急降下爆撃隊は真珠湾に直行、第一次攻撃隊の攻撃からまぬがれた艦船を求めて爆撃を繰り返した。

奇襲成功の第一次攻撃隊にくらべ、攻撃ははるかに難渋した。上空も湾内も黒煙に覆われ、目標を捜すのも、視認するのもままならない。加えて米軍の対空砲火は一段と強力になり、迎撃する戦闘機の数も増大していた。

進藤三郎大尉の回想（「赤城」制空隊）

戦闘機隊は攻撃編隊の一番上を飛んだ。飛行中はハワイ放送を聞きながら飛んだ。それは飛行機の方向を定めるためでもあるが、突然音楽が止んで、アナウンサーが何か早口でしゃべりだした。そういう状態が続いたので「一次の連中が攻撃を始めたな」と思った。

真珠湾に近付くにつれてだんだん高度を上げていった。六千メートルくらいで進入し、島を回りながらだんだん高度を下げていった。高射砲があちこちから上がっている。この分では戦闘機も上がっているなと思ったが、私は直接遭遇しなかった。

私の直率した「赤城」を母艦とする中隊（九機）はヒッカム飛行場の銃撃に急いだ。しかし、

藤田怡与蔵中尉

すでに第一次攻撃隊に爆撃されているので、煙りがすごい。煙のために地上の飛行機があまりよく見えないという状況だった。それに地上からの反撃も激しいものがあった。それでも第一撃を加えて、いったん編隊を解散し、また上空で編隊を組み直して第二撃を加えて引き揚げた――。

進藤大尉が直率する「赤城」の零戦九機（第一制空隊）がヒッカム飛行場に突入したとき、飯田房太大尉率いる「蒼龍」の零戦九機（第三制空隊）はカネオヘ海軍基地に突入していた。指揮官の飯田大尉はこの戦闘で被弾し、基地に突撃して自爆するのだが、藤田怡与蔵《ふじたいよぞう》中尉は、その隊長機とともにカネオヘ基地に突入した一人だった。

藤田怡与蔵中尉の回想（「蒼龍」制空隊）

午前八時四十分（現地時間）過ぎ、断雲の間からオアフ島の海岸線が見えてきた。「全軍突撃せよ！」の無電が入る。わが第三中隊（中隊長・飯田房太大尉）は、中隊長機を先頭に単縦陣を

日本軍の攻撃の最中にカリフォルニアから飛来したB-17爆撃機の中には、不時着まがいの機もあった。それらの機の中から搭乗員を救出しようと必死のカネオへ基地の米兵たち。

作り、高度六千メートルでカフク岬上空から進入を開始した。命令では上空に敵戦闘機がいればこれと空中戦を、いなければカネオへ基地を銃撃する予定になっている。私はオアフ島上空を渦を描くように飛んでいたが、敵の邀撃機《ようげきき》は一機も現われない。

真珠湾の方角に視線を落とすと、もうもうたる黒煙が上がっている。パイナップル畑のほうから、湾内に碇泊している米艦隊に突入する水平爆撃機の編隊の姿が見えた。その真珠湾からは敵の高射砲がどんどん撃ってきた。高射砲は実にしっかりしていて、われわれが高度を上げ下げすると、そこをピタリと狙って追いかけてきた。

敵の戦闘機が見えないため、われわれは予定通りオアフ島北側にあるカネオへ海軍基地の攻撃に移った。もうもうと立ち上る煙と敵の邀撃がないことで、第一次攻撃隊の奇襲は成功したと思ったが、私はこれからやる銃撃のことで頭が一杯で、中隊長機の後にくっついて行くのがやっとだった。

北部の山脈を越えるとカネオヘ基地が見えてきた。静かな湾内には飛行艇が三機繋留してある。われわれはこの飛行艇の銃撃から攻撃を開始した。敵基地からは曳光弾がアイスキャンデーのようにわが機に向かって飛んでくる。ところが、銃撃を開始してまもなく味方の爆撃隊が攻撃を始めたため、黒煙で目標が見えなくなってしまった。そこで中隊はやむなく隣にあるベローズ陸軍基地の銃撃に移った。そして二回の銃撃を加えたとき、飯田中隊長から全機集合の合図が送られてきた。

集まって編隊を組むと、中隊長機と中隊長の二番機・厚見峻一飛曹の飛行機の燃料が尾を引いていた。地上砲火で燃料タンクに被弾したに違いない。これでは帰る燃料がなくなるんじゃないかと思いながら、ベローズからカネオヘ基地に向かっていると、飯田中隊長が手先信号で口を指し「燃料がない、自爆する」と合図してきた。その直後、飯田大尉はピューっと機首を下げるとカネオヘの基地へ突っ込んでいった。

中隊長の自爆を見届けた私は、中隊（一小隊三機、三小隊編成）の残った八機を集めてカフク岬の集合点に向かった。そしてカフク岬の上空で他の中隊を待っていると、八機か九機の米戦闘機P36が横長の編隊でわれわれの後方から襲撃してきた。それが私にとって生まれて初めての空中戦だった。無我夢中だったが、空中戦をやっているときは普段の訓練と同じような感覚だった。そのときはたぶん二機ぐらい落としたと思うが、一機は私の弾があたっても煙を吐いただけで燃え上がらず、確認はできなかった。

その戦闘で敵の最後の一機が私に向かってきた。かわそうと思うが間に合わない。私はそのまま正面から撃ち合いに出た。そのとき私は相手にぶっつけるつもりでいた。大尉は自爆してしまうし、落下傘は着けていなかったし、もとより死ぬ覚悟であったから「こいつにぶっつけて心中してやれ」という気持ちだった。

ところが相手は私がまっすぐに突っ込んでくるものだから、驚いて私の目前で上方に回避した。私の目の前に敵の飛行機の胴腹がガバッと広がった。私はありったけの銃弾を叩き込んだ。P36は煙を吐いて落下していった。私の愛機もかなり被弾したらしく、エンジンが息をつき始めていた。

空中戦が終わり、私は列機に集合をかけた。八機のうち飯田中隊長直率の第一小隊の二機は帰ってこなかった。厚見一飛曹の飛行機は私の見ている前でP36を追撃していったが、スピードがつきすぎていたのであろう、バックファイアーを起こしてしまった。バックファイアーというのは、スピードを落とそうと急にスロットル弁を引くとマフラーから炎が出ることをいう

地上からの攻撃で被弾し、米軍基地に突撃を敢行して自爆した日本軍の艦上爆撃機。

のだが、その炎が、それまで尾を引いていた燃料に引火したのだろう、厚見一飛曹の機体は燃え上がり、そしてそのまま落ちていってしまった。それからもう一人、飯田大尉の三番機だった石井三郎二飛曹も、ついに集合点には来なかった。記録では「自爆」となっている。

私はしばらく石井二飛曹を待っていたが、私の機体も風防やエンジンに弾を受けており、あまり長時間待っているわけにはいかなかった。ちょうどそのとき、三機の急降下爆撃機がカフク岬の上空を通って空母に帰ろうとしていた。艦爆には航法の専門家が乗っている。私たちはその艦爆の後について空母に向かった。

制空隊の零戦が各飛行場を襲撃しているころ、爆撃隊は真珠湾に突入して、第一次攻撃隊がとどめをさせなかった艦艇を求めて攻撃を開始していた。

この日、ドックに入って修理中だった太平洋艦隊の旗艦「ペンシルバニア」は、幸運にも第一次攻撃からまぬがれていた唯一の戦艦だった。この残された大物を発見したのは、千早猛彦《ちはやたけひこ》大尉が指揮する「赤城」の急降下爆撃隊第一中隊の九機である。「ペンシルバニア」は右舷短艇甲板を貫通した徹甲弾が五インチ砲郭内で爆発したが、損害は軽かった。

同じ「赤城」の急降下爆撃隊第二中隊を率いる阿部善次《あべぜんじ》大尉は別の目標を狙っていた。

阿部善次大尉の回想（「赤城」艦爆隊）

ハワイ上空に近づいたころ、すでに空は明るくなっていた。だが、目的地の上空は雲に覆われている。

午前四時十分（東京時間）、突撃命令が下された。

高度三千五百から降下を始め、大きく右に旋回しながらフォード島に近づくにつれ対空砲火が激しさを増す。高射砲弾が炸裂する。特有の黒煙がすきまなく上空を覆っている。初めて恐怖が突き上げてくる。だが、我慢。戦艦めがけて突入することだけを考える。私の後ろには十七機の部下が続いている。ほかのことを考えている余裕はない。

フォード島に真横から突入する形になった。模型で見せられた通りの光景が眼下に広がっている。第一次攻撃隊の連中が、まだドンチャン騒ぎを繰り広げている。あちこちで凄まじい煙が上がっており、水柱も上がっている。その中に、まだ煙を上げていない戦艦が目についた。北から二番目の内側、アリゾナ・ペンシルバニア型だ。

「よし、あいつだ！」

突入開始。照準器に地上から撃ち上げる曳光弾が入る。当たったらそれで終わりだ。掛け値なしの命がけである。高度四百。

「テーッ」

の声と同時に投下索を引き、操縦桿を引きつけた。一瞬、目の前が真っ白になった。

「当たりました！」

斎藤千秋《さいとうちあき》飛曹長が叫んだ。

当たるはずだ、当たらないわけがない、しかし、当たったからといってクソの役にもたたん――なぜか私には浮き立つような喜びが湧いてこなかった。巨大な戦艦に二百五十キロ爆弾一個、どうということもない、そんな思いだった。

われわれが狙った戦艦泊地の北側から二番目、内側のブイに繋《つな》がれていた戦艦は、後になってわかったことだが、「アリゾナ」であった。日本軍の真珠湾攻撃のモニュメントとして、現在でも湾底に当時の姿を残している、あの戦艦である。ちなみにいえば、戦艦「アリゾナ」に致命傷を与えたのは、水平爆撃隊の放った八百キロ徹甲弾だった。

日本軍の爆撃で大穴が開いたヒッカム飛行場内の道路。

一発必中を期して対空砲火の弾幕に挑む艦上爆撃機は、損失もまた大きかった。幸いにも私の機は二十数カ所に機銃の弾痕を残しただけであったが、攻撃隊全体で十五機が失われた。そのうちの十四機はいずれも第二波攻撃隊のもので、私の二番機も含まれている。雷撃機四、戦闘機十という損失数に比べると、急降下爆撃の任務がいかに苛酷《かこく》なものであるかがお分かりになるだろう――。

中川俊《なかがわしゅん》大尉は「飛龍」の急降下爆撃隊を率いていた。

中川俊大尉の回想（「飛龍」艦爆隊）

江草少佐の突撃命令で、艦上爆撃機八十一機はそれぞれ獲物を求めて隊ごとに四方に散った。

猛烈な対空砲火。高射砲弾がエンジン音を圧倒する。衝撃波をもろに受けて機体がガクンガ

爆発した戦艦「アリゾナ」の爆煙に覆われ、営庭に逃れて呆然としている海兵隊員。

クンと飛び上がる。雲の下は砲弾の煙と地上から立ち上る黒煙で白黒まだらのジュウタンを敷きつめたようになっている。視界が悪い。とにかく目標を確認しないことには話にならない。

右旋回をし、高度をとる。四千五百メートル。フォード島が見えた。工廠、ドック……。さらに旋回しながら高度を下げた。目標はドックに入渠中の大型の巡洋艦だ。

高度三千。ちょっと翼を振って突撃命令を下す。一本の棒となって列機が後に続く。東北東の追い風だ。追い風を受けると降下角度が深くなり、命中率が上がる。

高度四百、投下！

高度四百での投下は気圧高度計に頼る急降下爆撃の限界で、必中を期するため被害を度外視したギリギリの賭《かけ》であった。高度計の表示は実際の機の高度よりも若干遅れるから、引き起こしが一瞬でも遅れると海面に激突することになる。だが、操縦はうまくいった。私の機は海面スレスレで、フォード島の戦艦群を横目で見ながら猛烈な高速で海面を走り抜けた。

戦艦の甲板が頭上に見えた。艦艇の銃座から射ち出される機銃弾が頭上を飛び去っていく。われわれも応戦し、碇泊中の駆逐艦に銃撃を浴びせながら、フォード島北方から西方海上へ抜け出した。そして帰投集合点のカフク岬東北洋上に向かった。

私が目標に選んだのは、後でわかったことだが、大型巡洋艦「セントルイス」であった。

集合点に達した私は、燃料の残量を考えて三十分だけとどまることにした。まもなく艦爆が一機、また一機と集まってきた。そして同じ「飛龍」の戦闘機二機を合わせて合計九機を集め、いざ帰ろうと下を見ると、岬の西側から飛行艇が現われた。高度五百くらいで北に飛んで行く。まっすぐ飛べば機動部隊を発見される。見逃すわけにはいかない。

「やるぞ！」

こちらは高度約二千、九機が一本棒になって襲いかかった。といっても武器は七・七ミリ機銃しかない。とにかく固定銃と旋回銃で射ちまくった。向こうは二〇ミリ機関砲を射ち返してくる。

九機が三回ずつ攻撃を繰り返して、やっと敵機の右エンジンに火がついた。やがてプロペラの回転が止まり、飛行艇は荒波の中に不時着していった。

燃料が心配になった。私は急いで編隊を組み、一路北に向かって針路をとった。しばらく飛び続けていると、今度ははるか左前方に戦闘機らしい小型機の編隊が見えてきた。全部で八機、敵機だったら万事休すである。だが、近づいてみると零戦であった。制空隊の一部のようだ。こうして艦爆と零戦合わせて十六機をなんとしても無事に連れ帰らなければならなくなった。電波は使用できないので、母艦の位置を確認することはできない。

濃いミストのなか、ともかく予定地点には着いた。だが、艦隊は発見できない。いうまでもなく空母はじっと一カ所にとどまっているわけではない。帰還した機を収容するために、そのつど風上に向かって航行するからだ。

艦爆も零戦も、もう燃料はほとんど尽きかけているはずである。早く母艦を発見しなければ、私の機も他の十六機も海の藻屑《もくず》と消えてしまう。私は運を天にまかせて風上に向かって四十五度転針をした。五分間だけそのまま飛んだ。だが、母艦の姿は見えない。もう一度四十五度転針した。これで発見できなければ終わりである。私は祈った。と、そのとき眼下にかすかな航跡を発見した。友軍であった。

こうして戦いは終わった。ところで、第一次攻撃隊の襲撃を受けたものの、比較的損害が少なかった「ネバダ」は、なんとか湾外に脱出しようと繋留を離れて航行を始めた。だが、急降下爆撃隊の恰好《かっこう》の餌食《えじき》になり、集中攻撃を受けてフォード島の南西端北側に座礁した。午前八時四十分ごろである。日本軍の攻撃が完全に終わったのは午前九時四十五分、東京では八日の早朝、五時十五分だった。

真珠湾攻撃で日本軍の攻撃機は二十九機が還らなかった。内訳は第一次攻撃隊が九機、第二次攻撃隊が二十機だった。この数字は、真珠湾攻撃が完全奇襲に成功したことを証明するとともに、米軍の反撃態勢がいかに素早く整えられたかも証明していよう。

米太平洋艦隊真珠湾在泊艦艇

（×は撃沈、△は損傷を示す）

太平洋艦隊＝司令長官ハズバンド・E・キンメル大将

戦艦：×オクラホマ、×カリフォルニア、×ウェストバージニア、×アリゾナ、△テネシー、△メリーランド、△ペンシルバニア、△ネバダ

重巡：ニューオーリンズ、サンフランシスコ

軽巡：△ヘレナ、△ホノルル、△ローリー、セントルイス、フェニックス、デトロイト

駆逐艦：△カッシン、△ショー、△ダウンズ、ほか27隻

その他：×ユタ（標的艦）、×オグララ（敷設艦）、△ベスタル（工作艦）、△カーチス（水上機母艦）など49隻

各航空基地における航空機の損害（米側判定）

フォード基地：哨戒機29機（空襲前33機）

ヒッカム基地：爆撃機34機（空襲前72機）

ホイラー基地：戦闘機88機（空襲前158機）

バーバーズ基地：戦闘機・偵察兼爆撃機43機（空襲前43機）

カネオヘ基地：哨戒機33機（空襲前36機）

ベロース基地：偵察機６機（空襲前13機）

合計：231機

注①真珠湾攻撃調査委員会報告は飛行機の完全喪失は188機としている。

注②空襲部隊が報告した空中戦闘での撃墜機数は17機

注③人的損害

戦死　2402名（海軍2004名、海兵隊108名、陸軍222名、一般市民68名）

戦傷　1382名（海軍912名、海兵隊75名、陸軍360名、一般市民35名）

アメリカ太平洋艦隊艦船被害状況

戦艦ネバダ：左舷前部に魚雷１本命中後、急降下爆撃機の爆弾６発以上命中。フォード島の南西端北側に擱座。

戦艦アリゾナ：数本の魚雷が左舷側に命中。うち1本は外側に繋留中の工作艦ベスタルの前方を通過して1番砲塔の舷側に命中。800キロ爆弾4発命中。うち1発は2番砲塔の横に命中し、前甲板を貫通して前部火薬庫で爆発、誘爆、致命傷となる。その他爆弾4発命中。沈没。戦隊司令官、艦長ほか多数戦死。

戦艦ウェストバージニア：左舷側に魚雷6、7本命中、急速に左舷に傾斜。800キロ爆弾2発命中、擱座。内側に繋留中のテネシー艦上の爆弾の破片により艦長戦死。

戦艦テネシー：800キロ爆弾2発命中、1発は2番砲塔に命中したが不発、もう1弾は3番砲塔に命中し炸裂、14インチ砲を破壊。

戦艦オクラホマ：魚雷3本左舷側に命中し45度傾斜。さらに魚雷2本と800キロ爆弾多数命中、転覆、大破。

戦艦メリーランド：800キロ爆弾1発前甲板貫通、船倉内で爆発。250キロ爆弾1発前甲板に命中、ほかに至近弾を受ける（1本は前艦橋やや前方、1本は3番砲塔）。擱座。

戦艦カリフォルニア：魚雷3本、800キロ爆弾1発、250キロ爆弾至近4発沈没。

戦艦ペンシルバニア：工廠第1ドックに入渠中、急降下爆撃機の爆弾1発が右舷短艇甲板を貫通して５インチ砲郭内で爆発も、損害軽微。

軽巡ヘレナ：右舷に魚雷1本、250キロ爆弾1発命中。至近弾4発。

軽巡ホノルル：至近弾1本により左舷側損傷、小破。

軽巡ローリー：800キロ爆弾1発、250キロ爆弾1発命中、第2罐室、前部機械室浸水、大破。

駆逐艦カシン及びダウンズ：ペンシルバニアと同じドックに入渠中、急降下爆撃機の250キロ爆弾1発がダウンズ搭載の魚雷頭部に命中、両艦とも大火災大破。

駆逐艦ショー：250キロ爆弾1発命中、艦首吹き飛び、ドック大破。

標的艦ユタ：左舷に相次いで魚雷5本命中、転覆、完全喪失。

機雷敷設艦オグララ：魚雷1本艦底通過、隣りに繋留のヘレナの舷側で爆発したため、艦底を損傷して移動後に沈没。

水上機母艦カーチス：急降下爆撃機1機が体当たり、火災、中破。

工作艦ベスタル：2弾命中したが独力でフォード島の北東に移動、浸水擱座。

左舷前部に魚雷を受けた戦艦「ネバダ」は、急遽繋留埠頭を離れて湾外脱出をはかったが日本軍機の攻撃に曝され、フォード島南岸に座礁した。

日本軍機の攻撃を受けた米軍艦艇からは重油が海面に流れ出し、パリパリと猛烈な勢いで炎を上げ、必死の消火作業も功を奏さなかった。

第6章

さまざまな終章

遅れた「最後通告」

昭和十六年十二月八日（ハワイ時間は七日）、嶋崎重和《しまさきしげかず》少佐が第二次攻撃隊に「全員突撃！」を命じ、戦艦「ネバダ」が真珠湾の水道を塞《ふさ》ぐのをなんとか避けようと必死の操艦をしているころ、ワシントンでは野村吉三郎《のむらきちさぶろう》、来栖三郎《くるすさぶろう》両大使が米国務省にやっとたどりついていた。来栖大使は野村大使と駐米大使館員の緊迫した日米交渉を助けるために、昭和十六年十一月十五日にワシントンへ赴任したばかりだった。そして、ついに〝最後の日〟を迎えてしまったのである。

日曜のこの日、来栖大使は朝方に横山一郎《よこやまいちろう》海軍武官の来訪を受け、多数の電報が大使館に配達されているようだとの報告を受けた。来栖はその場で大使館の参事官を電話口に呼び出し、電報の有無を確認した。電報はアメリカ政府に手渡す、日本政府の最終回答書となる「帝国政府見解」であることがわかった。来栖が文書の解読・翻訳について尋ねると、参事官は「すべて手配済みです」と答えた。

東京からの電報は東京中央電信局から発信され、米国のウェスターン・ユニオンなどの民間電信会社が受信し、配達したものであった。

駐米大使館は十二月六日の午前中（ワシントン地方時）に、東京の日本政府から次のような事前通告を受けていた。

一、政府においては十一月二十六日の米側提案につき慎重廟議《びょうぎ》を尽したる結果、対米覚書（英文）を決定せり。

二、右覚書は長文なる関係もあり、全部接受せらるるは明日となるやも知れざるも、刻下の情勢はきわめて機微なるものあるにつき、右受領相成りたることは差当り厳秘に付せられるよう致されたし。

三、右覚書を米側に提示する時機については追って電報すべきも、右別電接到のうえは訓令次第何時《いつ》にても米側に手交し得るよう文書の整理、其の他予《あらかじ》め手配を了し置かれたし。

そして「覚書は長文であるから、一部は翌日になるかもしれぬ。覚書を受けとったことも厳秘せよ。覚書の提出時期は追電する」という指示電報も入っていた。さらに、覚書は機密の保持上、タイピストに打たせてはならないという念を押す訓令も届いていた。

最後通告の覚書は長い英文であったので十四節に分割され、そのうち十三部までは外務省から十二月六日二十時三十分〜七日午前零時二十分（ワシントン地方時六日午前六時三十分〜午前十時二十分）の間に発信され、ワシントン地方時の六日二十一時三十分までには訳了できるものと外務省では予想していた。

しかし、野村大使をはじめワシントンの日本大使館員は、この覚書の重要性の認識に欠けていた。電報は外務省の指示通りに前の十三部は六日夕刻までには翻訳、並びにタイプができる時間帯に届いていた。ところが、電報が届きはじめた十二月六日は土曜日であったためか、大使をはじめとする大使館員は転勤を命じられた一人の館員のために夕刻から盛大な送別会を催し、大使館には留守居役の一名が残っていただけだった。

送別会で館員たちが飲むほどに、踊るほどに夜は更けていった。そして電信官や各書記生らが、酔いとダンスで疲れた足を引きずりながら大使館に帰り着いたのは夜の十時ごろであった。それから半《なか》ば酔眼朦朧《すいがんもうろう》の体にムチ打って暗号の翻訳に取りかかったのだから、埒《らち》のあくはずはない。

ようやく第十三部までの翻訳が完了したのは払暁《ふつぎょう》であった。それを見た井口参事官は、宿直一名だけを残して、その他の者は全員宿舎に帰って休養するよう命じた。部下を愛するゆえの参事官命令だったのかもしれないが、実はそのとき、翻訳された暗号文はまだ一行もタイプされてはいなかったのだ。このとき、すでに日本の暗号解読に成功していたアメリカ側は、六日の夕方までに届いた日本の「最後通告」十三部をすべて解読し、午後八時半には翻訳も終えていた。

十二月七日の朝、大使館は混雑をきわめていた。そして午前十時半に最後の十四通目が届き、同時に「覚書は七日午後一時、国務長官に手交せよ」と訓令してきた。ワシントン時間の午後

当時の駐米日本大使館。

一時は、ハワイのホノルルでは十二月七日午前七時三十分。第一次攻撃隊の攻撃開始予定は午前八時とされていたから、第一弾投下の三十分前に手交せよということだったのだ。

野村はただちにハル国務長官に会見を申し込んだ。しかしハルは、午後一時には昼食の約束があり会見はできないという。それならば国務次官でもいいと野村は食い下がった。

結局、ハルが「会おう」ということになり、野村は安心したのだが、肝腎《かんじん》の覚書のタイプは遅々として進まなかった。

来栖は『日米外交秘話』（創元社刊）に「七日の朝から上級書記官が慣れぬタイプを自身で叩き始めたのである。何分にも昂奮しているので、消したり直したりして仲々進まない。結城書記官は殆《ほとん》ど居催促《いざいそく》の形で側につきっ切りであったという」と書き残している。

上級書記官というのは奥村書記官のことで、午前九時ごろからタイプを打ち始め、前の十三部を打ち終わったのが十一時であった。しかし「これは下書きだから打ち直す」と言いだし、煙石通訳生に手伝わせて再び第一部から打ち出した。のみならず、最後に届いた第十四部は全くの手つかずのままである。

ちなみに第十四部の内容は次のようなものだった。

『惟《おも》うに、合衆国政府の意図は、英帝国その他と苟合《こうごう》策動して、東亜における帝国の新秩序建設による平和確立の努力を妨碍《ぼうがい》せんとするのみならず、日支両国を相闘わしめ、もって英米の利益を擁護せんとするものなることは今次交渉を通じ、明瞭となりたるところなり。かくて、日米国交を調整し、合衆国政府と相携えて、太平洋の平和を維持確立せんとする、帝国政府の希望は遂に失われたり。よって、帝国政府はここに合衆国政府の態度に鑑《かんが》み、今後交渉を継続するも、妥結に達するを得ず、と認むるの外なき旨を合衆国政府に通告するを遺憾《いかん》とするものなり――』

この第十四部の部分が翻訳されてタイプに回されたのは、なんと七日の午後十二時三十分頃であったという。しかも、そのときはまだ前の第十三部のタイプは終わっておらず、第十四部のタイプどころではなかった。

野村大使は何度も何度もタイプを打っている部屋に出入りして、「まだか、まだか」と催促をし続けた。来栖大使は身支度を整えて、タイプを打っている傍らでジリジリとしていた。これでは午後一時の手交は不可能である。野村は煙石通訳生に命じてハル長官の秘書官に電話を入れ、会見時間を四十五分延ばしてもらった。そのころアメリカ側は第十四部の解読も終わり、ハル国務長官の手にも届けられていた。

一九四八年に刊行された『コーデル・ハル回想記』には、こう書かれている。

「午前中に私は長い傍受電報を受け取ったが、これは東郷外相から野村、来栖両大使にあてた十四部からなる長文の電報であった。これこそ十一月二十六日のわが方の提案に対する回答であった。このほかに両大使あての短い電報があり、それはその日の午後一時にこれを米国政府に、できれば私に手渡すように指示してあった。これが行動開始の時刻であったのだ。

日本の回答は無礼きわまるものであった。それは『米国の提案は支那事変四年のあいだに日本が払った犠牲を無視し、日本帝国の存立そのものを脅かし、名誉と威信を傷つけるものだ。米国は英国その他と共謀して、東亜新秩序の建設によって平和を確立しようとする日本の努力を妨害している』と述べ、『米国政府の態度にかんがみて、日本政府はこれ以上交渉をつづけても意見の一致に到達することは不可能と考えざるを得ない』と結んであった。この通告は宣戦の布告はしていなかった。また外交関係を断絶するともいっていなかった。日本はこのような予備行為なしに攻撃してきたのである」（毎日新聞社訳・編『太平洋戦争秘史・米戦時指導者の回想』）

野村・来栖両大使がやっとのことで国務省に駆けつけたときは、延長してもらった午後一時四十五分も過ぎ、二時を五分も回っていた。二人は国務省の外交官応接室に通された。もちろん野村も来栖も、まさにそのとき日本軍が真珠湾を攻撃している真っ最中であることなど夢にも思っていなかった。

ちょうどそのとき、ハルにルーズベルト大統領から電話がかかってきた。ルーズベルトは早口で「日本が真珠湾を攻撃したという報告がきた」という。ハルは「その報告は確認済みですか？」と聞き返した。大統領は「まだだ」という。そして二人は、おそらくこの報告は本当だろうと思う、と意見を述べ合い、電話を切った。

ハルは両大使を呼ばせた。

「野村と来栖は二時二十分（ハワイ時間午前九時二十分）に私の部屋に入ってきた。私はひややかな態度で彼らを迎え、椅子をすすめることもしなかった。野村はおずおずした様子で、政府からは午後一時に文書を手渡すように訓令されていたのだが、電報翻訳に手間どっておそくなった、と弁解がましく言い、日本政府の通告を私に手渡した。

私は野村に対して、最初会見時間を午後一時と指定したのはなぜかとたずねると、彼は自分には分からないが、政府の訓令にそうあったからだと答えた。私は手渡された通告に目を通すようなふりをした。その内容は私にはもう分っていたけれども、もちろんそれをおもてに出してはならなかった。二、三ページ読んでから私は野村に、この文書は政府の訓令にもとづいて提出されたものか、とたずねた。彼はそうだと答えた。私はこの通告の終りまで大急ぎで目を通すと、野村の方を向き、彼に目をすえたまま言った。

日米交渉に当たった人たち。左から野村吉三郎駐米大使、ハル国務長官、来栖三郎全権大使。

『はっきり申し上げるが、私は過去九カ月間のあなたとの交渉中、一言も嘘を言わなかった。それは記録を見ればよく分ることだ。私は五十年の公職生活を通じて、これほど恥知らずな、虚偽と歪曲《わいきょく》に満ちた文書を見たことがない。こんなに大がかりなうそとこじつけを言い出す国がこの世にあろうとは、いまのいままで夢想もしなかった』

野村はなにかものいいたげな様

ハル国務長官との会見を終えて国務省を出る野村吉三郎駐米大使。

子であった。彼の表情は平静であったが、私は彼が大きな激情に襲われているのを感じた。私は手を振ってなにか言い出しそうな彼を制止し、あごでドアの方をさした。両大使はなにも言わないで頭をたれたまま出ていった」（前掲書）

日曜日の国務省は人影もまばらだった。野村と来栖はうち沈んで大使館に戻った。そして、初めて真珠湾攻撃のニュースを耳にしたのだった。

大使館の表の鉄の扉は堅く閉ざされ、次第に集まってくる群衆を、警備の警官が制止し始めていた。

翌十二月八日、ルーズベルト大統領は上下両院議会で対日戦の決議案を読み上げ、両院は全員一致で賛成した。棄権したのはミス・ランキンス一人であった。

壊滅的打撃の米軍陸上基地

二人の日本大使が大使館に戻ってきたころ、真珠湾ではまだ日本軍の攻撃は続けられており、陸上の各基地もまた大混乱に陥っていた。
当時、オアフ島には陸海軍合わせて次の八カ所の航空基地があった。

〈陸軍航空基地〉

○ホイラー飛行場　島の中央北部にある陸軍の主要基地で、十二月七日（ハワイ時間）の朝、同基地にはハワイの米軍が擁していた百五十二機の戦闘機の大半が配備されていた。米陸軍の最新鋭機P40型をはじめ、P36A型、P26という米軍の主力戦闘機ばかりで、当時、使用可能機数は九十四機で、残り六十四機は格納庫などで修理中だった。

日本軍による真珠湾攻撃で最初の第一弾を見舞われたのは、ここホイラーとヒッカムの両飛行場だった。事前の情報でホイラーが戦闘機基地であることを知っていた日本軍は、米軍の迎撃を押さえるため、まずホイラー攻撃を主要な目標の一つにしていたのである。

坂本明《さかもとあきら》大尉に率いられた空母「瑞鶴」の急降下爆撃隊二十五機が、ホイラー飛行場を急襲したのは午前七時五十分ごろだった。戦闘機の大部分は格納庫にあったが、駐機線にあった機は整然と翼と翼がつながれ、日本軍の恰好の目標になった。瑞鶴隊の攻撃は約十五分で終わったが、ホイラー飛行場は第二次攻撃隊七機の銃撃も受け、合計八十八機が破壊・炎上してしまった。さらに日本軍機は格納庫やＰＸ、兵舎にも容赦なく攻撃を加え、基地内は一面の火の海と化してしまった。

○ヒッカム飛行場　真珠湾口の東側、フォード島の対岸にあり、ホイラーと並んだ陸軍の主要基地。ここには、当時の米軍が誇る十二機の〝空の要塞〟B17と、旧式のB18三十三機、A20十二機など七十二機の爆撃機が、格納庫の前にぎっしりと並べられていた。

ヒッカムもホイラー同様、日本軍の第一撃を受け、高橋赫一少佐指揮の「翔鶴」急降下爆撃隊二十六機の二百五十キロ爆弾にさらされた。さらに追い打ちをかけるように、志賀淑雄《しがよしお》大尉の「加賀」戦闘機隊が銃撃を繰り返した。そして三十四機の爆撃機とともに、ハワイ航空廠の建物や格納庫、兵舎、各種施設はことごとく破壊されてしまった。

ヒッカムの混乱はこれだけではなかった。フォート・シャフターの情報センターが、オパナのレーダー基地がとらえた第一次攻撃隊の機影を〈カリフォルニアからやってくるB17の編隊〉と思い込んだ、そのB17十二機の編隊が、まさにこのときヒッカム飛行場への着陸態勢に入っていたのである。

トルーマン・ランドン陸軍少佐に率いられたこのB17爆撃機隊は、アメリカ西海岸の基地を飛び立ち、ヒッカムで給油をしたのちフィリピンに向かうことになっていた。すでに十四時間もの長旅をしてきた爆撃機は燃料も底を尽きかけていたし、武装もしていなかった。機銃はサビないようにグリースで塗り固められていた。

ランドン少佐が断雲の隙間を抜けてオアフ島に近づいたとき、南の方角から戦闘機の編隊がまっしぐらにやってくるのが見えた。少佐は〈われわれを迎えにやってきたのだな〉と思った。ところがB17の編隊に突っ込んできた戦闘機群はいきなり機銃を発射してきた。胴体の日の丸が少佐の目に入った。

ランドン少佐は機内電話に怒鳴った。

「畜生、日本機だ！」

日本の零戦は執拗《しつよう》に追撃している。おまけに混乱した基地要員は敵味方の区別ができないらしく、さかんにB17にも射撃を浴びせてきた。少佐は急いで密雲を探し、避退運動に入った。そして眼下に目をやり、基地が煙と炎に包まれた地獄に変貌しているのを知った。しかし操縦士たちは、その地獄の基地に着陸を試みるほかはなかった。燃料もなければ応戦する武器もないからである。

こうして九機のB17が火の海のヒッカカム飛行場に着陸した。そのうちの一機は、零戦の攻撃で積んでいたマグネシウム照明弾が燃えだし、着陸したときには胴体の後ろ半分は完全に燃えきっていた。残る三機のうちの二機は、オアフ島北西岸にある緊急着陸用のハレイワの短い滑

ヒッカム飛行場に着陸するとほぼ同時に、零戦の攻撃で積んでいたマグネシウム照明弾が燃えだし、胴体の半分が燃え尽きたB-17爆撃機。

走路に降り、もう一機は南東海岸のベロース基地に緊急着陸した。

○**ベロース飛行場**　フォード島南部東海岸にある飛行場で、主に偵察機の基地として使われていたが、第四十四戦闘機中隊の仮訓練基地にもなっていた。当日の在機数はC47輸送機十三機と若干のP40戦闘機がいただけだったが、使用可能機は六機だけだった。

ベロース飛行場への第一波攻撃は、一機の戦闘機による機銃掃射だけだったため、一人の負傷者を出しただけですんだが、午前九時ごろ、空母「蒼龍」の飯田房太大尉に率いられた第二次攻撃隊の制空隊九機が飛来、使用可能機六機はすべて破壊され、鉄屑と化してしまった。

○**ハレイワ飛行場**　北部西海岸にあるこの飛

行場は新設して間もなかったため、日本軍は存在を知らなかった。そのため、攻撃をまぬがれた唯一の飛行場であった。同飛行場には数機の戦闘機（P40とP36）と六人のパイロットがおり、彼らは代わる代わる飛び上がり、日本の零戦と激しい空中戦を交えた数少ない米軍機になった。そして米軍への報告では「敵機七機を撃墜した」といい、そのうちの一機はパイナップル畑に落ちていったという。

〈海軍航空基地〉

○カネオヘ基地　陸軍のベロース飛行場の北、モカプ岬にある同基地は哨戒飛行艇基地で、三十六機の哨戒機が常備され、常時、ハワイ南方海域の哨戒飛行に当たっていた。この朝も三機のPBY哨戒機が日の出とともに離水、オアフ島南方の艦隊訓練海域を哨戒中であった。日本の第一次攻撃隊に先駆けて真珠湾に潜入しようとした一隻の特殊潜行艇を発見したのも、この三機のうちの一機だった。

カネオヘ基地への第一波攻撃は、陸軍のヒッカム、ホイラー飛行場とほぼ同時刻の午前七時五十分ごろ開始されている。第一波は零戦の戦闘機隊だったが、第二波は急降下爆撃隊だった。そのとき基地の海面には二十九機の飛行艇が行儀よく浮かんでいたが、この戦闘機の機銃掃射と爆撃隊の攻撃で、同基地に残っていたPBY機は全機が破壊、炎上した。

カネオヘ基地はすでに壊滅していたが、九時すぎ、日本の零戦隊は再び襲っていった。ベロース基地を無力化した第二次攻撃隊の飯田大尉率いる「蒼龍」戦闘機隊が移動してきたのだ。飯田大尉は兵器庫に銃撃を加え、藤田怡与蔵中尉も低空で銃撃を繰り返していた。

このとき、一人の米兵が兵器庫を飛び出し、自動小銃で飯田機に果敢に挑んだ。兵士はサンズという兵器員だったが、メリーランド大学歴史学教授だったゴードン・W・プランゲは、その著『トラ トラ トラ』のなかでこう描写している。

——飯田大尉は上空で旋回して引き返すと、その兵器庫に対してもう一度新たな攻撃を加えた。飯田とサンズが発砲したのは同時であった。飯田大尉の銃弾は壁にばらばらと飛び散った。しかし、彼が機を引き起こして上昇したとき、彼の機からはガソリンが長い白い尾を引いて吹き出し始めていた。藤田中尉は飯田大尉がまず彼の機を、次いで地面を指して、編隊を解くように合図するのを認めた。飯田機をサンズが特にねらっていたと考えた一人の兵が、「オーイ、サンズ、あいつが引き返してくるぞ」とどなった。

サンズは別の自動小銃をとったが、飯田大尉はエンジンを全開して、機銃を発射しながら突っこんでいった。そのことを初めから見ていた兵のガイ・C・エバリーは、そのときの情況を次のように言っている。

「銃弾がサンズのまわり一面に飛び散ったが、サンズは少しもひるまなかった。彼は彼の足元に向かって、うなりながら一直線に突っこんでくる零戦に対して射撃をし続けた。飯田機はサンズの頭上を飛び越す直前に射撃をやめ、そのまま地面に突っこんだ」
妻帯士官の宿舎の近くの道路に突っこんだ飯田機は、エンジンが飛び散ってひっくりかえった。飯田大尉の体は文字どおり粉ごなになって飛び散った。飯田機はサンズの自動小銃の銃火をまともに受け、その瞬間に機の操縦を失ったように見えたから、飯田大尉は地面に激突する前に死んでいたにちがいない、とエバリーは確信している。（略）
海兵隊大尉R・S・D・ロックウッドは皮製の上着からその勇敢な飛行士が飯田大尉であることを知ったが、遺体はあたり一面に飛散していたので、それを集め、大きなきれいな箱に収めた。それは遺体に敬意を払わなかったからではなく、当時の情況ではほかに適当な入れ物がなかったからであった。のちに飯田大尉の遺体は、収容されたすべての日本の戦死者の遺体といっしょに、アメリカの戦死者と同じく、名誉ある埋葬を受けた――

○フォード基地　戦艦群の錨地《びょうち》を目前にするフォード基地には三十三機のPBY哨戒機が配備されていたが、この朝、四機を除く二十九機すべてが地上の待機線に整然と並べられていた。日本の急降下爆撃隊と戦闘機隊にとっては絶好の獲物となり、地上のPBY機は格納庫などの施設とともにすべてが破壊か修理不能にされてしまった。同基地で無事だったのは、この日オアフ島南方海域で行われていた潜水艦との協同訓練に参加していた、前記の四機だけであった。
フォード基地が日本軍機の攻撃にさらされている真っ最中に、ハルゼー中将の空母「エンタープライズ」の艦上爆撃機一機と、十八機の哨戒機がフォード島の上空にやってきていた。それでも艦爆機は日本軍機の攻撃と味方の地上砲火をどうにかかいくぐって着陸に成功したが、十八機の哨戒機は四機が日本の零戦に撃墜され、一機は味方の対空砲火で海中に墜落した。そしてもう一機がカウアイ島に不時着するという大混乱に陥ってしまった。

○バーバーズポイントとエバ飛行場　オアフ島の最南端・バーバーズ岬近くにあるこの二つの飛行場を、当初、日本はエバ飛行場一つと思っていた。どちらも海兵隊の基地・飛行場であるが、十二月七日の朝、バーバーズとエバには戦闘機十一機、偵察兼爆撃機三十二機の合計四十三機が並んでいた。

日本軍の第一波は午前七時五十五分過ぎ、わずか二十フィート（約六メートル）という超低空で襲ってきた戦闘機群だった。そして十五分後には急降下爆撃隊が来襲し、基地の飛行機は日本軍機の反復攻撃ですべてが撃破されてしまった。

こうして日本軍の米海軍基地攻撃は、地上機撃破という点では完璧といってもいい成果を上げている。この日、フォード島の海軍四基地に所属していた飛行機は合計百十二機。そのうち百三機が地上撃破され、あるいは使用不能になってしまった。生き残ったのはＰＢＹ哨戒機九機だったが、そのうちの七機は飛行中で不在だったし、二機は修理工場に〝入院中〟だったから、日本の攻撃がいかに徹底したものだったかが分かる。

ちなみにヒッカム、ホイラー、ベロースの陸軍基地の航空機損害は、二百四十三機中百二十八機だった。残存機数は修理中のものも含めて百十五機、約半数が攻撃をまぬがれている。しかし、ハワイの米航空機が壊滅的損害を被ってしまったことに変わりはなかった。

海と陸の孤独な戦い

第二次攻撃隊の最後の機が真珠湾の上空から姿を消したのは、前記したようにハワイ時間の十二月七日午前九時四十五分、東京では十二月八日の早朝、五時十五分だった。攻撃隊はそれぞれ母艦を目指し、東京時間の午前九時二十二分（現地時間午後一時五十分）には全攻撃機が母艦にたどり着いた。

帰艦した搭乗員はもちろん、航空参謀たちも当然、第二出撃があるものと思い、準備に追われていた。真珠湾に碇泊していた戦艦や各基地の航空機、施設はほぼ壊滅したと思ってはいるが、決して完璧ではないし、フォード島とその周辺に密集している石油貯蔵タンクは戦果判定でも全く無傷のままである。さらに、直前まで確かに在泊していた空母「エンタープライズ」と「レキシントン」、それに随行する重巡洋艦も健在のはずだった。

第二航空戦隊司令官の山口多聞《やまぐちたもん》少将は、旗艦「赤城」に「第二撃準備完了」と信号を送り、それとなく出撃を催促したといい、第三戦隊司令官の三川軍一《みかわぐんいち》中将も再攻撃を加えるべきであると意見具申したという。

しかし、南雲忠一司令長官と草鹿龍之介参謀長は第二撃を断念し、引き揚げを決意した。

草鹿参謀長はその理由をこう語っている。

「そもそも真珠湾攻撃の大目的は、敵の太平洋艦隊に大打撃を与えて、その進攻企図を挫折させるにあった。だからこそ攻撃は一太刀と定め、周到なる計画のもとに手練の一撃を加えたところ、奇襲に成功しその目的を達成することができた。機動部隊の立ち向かうべき敵はまだ一、二にとどまらない。いつまでも獲物に執着すべきでなく、すぐ他の敵に対する構えが必要であるとして、何の躊躇《ちゅうちょ》もなく南雲長官に進言して引き揚げることに決した。『なぜもう一度攻撃を反復しなかったか』『工廠や油槽を破壊しなかったのは何故か』などの批判もあるが、これは、いずれも兵機戦機の機微《きび》に触れないものの戦略論であると思う」（戦史叢書『ハワイ作戦』）

日本軍の第二撃断念は、アメリカにとっては不幸中の幸いであった。戦後、日米双方から、この第二撃断念についてのさまざまな論議が巻き起こったが、アメリカ軍自身、日本が戦艦群だけの攻撃で作戦を中止しようとは思わなかったという。その第一の理由は、石油貯蔵施設を無傷で残したことだった。もしハワイの石油施設が破壊されていたならば、以後のアメリカの南方作戦は重大な危機に見舞われ、おそらく数カ月は行動不能に陥ったであろうといわれている。

それはともあれ、機動部隊は針路を北々西に反転し、一路帰途についたのだった。だが、ハワイではまだ何人かの日本兵が孤独な戦いを続けていた。

五隻の特殊潜航艇のうち、酒巻和男《さかまきかずお》少尉と稲垣清《いながききよし》二曹（艇付）が乗る特殊潜航艇は出撃前からジャイロコンパス（転輪羅針儀）が故障していた。海中深く目標に肉薄して魚雷を放つ特殊潜航艇には、ほとんど水上航走は許されない。唯一の「目」であるジャイロコンパスこそが命綱であり、最大の武器といってもいい。そのコンパスが、必死の整備にもかかわらず、ついに出撃時までに直らなかったのである。

母艦の伊号第二十四潜水艦司令の花房博志《はなふさひろし》中佐は、出撃地点に達したとき酒巻少尉に聞いた。

「酒巻少尉、いよいよ目的地にきた。ジャイロが駄目になっているが、どうするか」

「艦長、行きます」

酒巻少尉は潜望鏡による水上航走に期待をかけたのである。同時に、ここまできて攻撃を中止したら、今までの労苦が水泡に帰してしまうという責任と使命感も強く支配していたと、氏は後に記している。

こうして酒巻艇は予定時刻に母艦を発進したが、最初のアクシデントは早くも発進直後にきた。発進と同時に釣合が悪く、エンジンを動かすと艇は海中から空中に跳り出てしまうのだ。それでも二人はバラストを移動させたりしてなんとか艇を進ませていた。酒巻少尉が戦後に著

オアフ島のベロビーチの海岸に乗り上げた日本の酒巻艇（特殊潜航艇）。

した手記『捕虜第一号』（月刊『丸』臨時増刊、昭和三十二年五月発行）によれば、「この作業のために、たぶん二、三時間はすぎてしまっただろう」という。

ジャイロコンパスの利かない酒巻艇は勘《かん》を頼りに航走する。そして、まもなく真珠湾口かと潜望鏡を上げると、そこは一面の海原であった。何度も方向を変え、酒巻少尉と稲垣二曹は必死で湾口を目指した。夜はすっかり明け、攻撃予定時刻も過ぎていく。そして米軍の監視艇に発見されて一回目の爆雷攻撃を受ける。体が宙に浮き、隔壁に叩きつけられる。再び爆雷攻撃を受ける。

酒巻少尉は潜望鏡を出したままで監視艇線の強行突破をこころみた。潜望鏡を回すと真珠湾内に立ち上る巨大な黒煙が現れた。二人は「やったな！」と興奮に包まれた。空中部隊の成功を見た酒巻艇は遮二無二《しゃにむに》突き進んだ。そして強行突破が成功するかに思えた瞬間、艇は激しい衝撃音を発して珊瑚礁に座礁してしまった。

必死の離礁操作でどうにか脱出に成功した酒巻艇は、その後も駆逐艦と監視艇に追い回され、爆雷攻撃を受けながらも湾内突入を図った。だが、そのうちに二基の魚雷発射装置は壊れ、艇内は圧搾空気やバッテリーのガスが洩《も》れて次第に呼吸もままならなくなってきた。こうして酒巻艇はその後も何度か座礁を繰り返し、気を失い、突入を諦《あきら》めて集合地点のラナイ島を目指したのである。そして目指す島影を発見したとき、艇はまたもや座礁してしまった。

艇はもはや動かなかった。バッテリーの電力を使い果たしてしまったのである。酒巻少尉と稲垣二曹は潜航艇の爆破装置に点火してハッチを開き、海中に飛び込んだ。東の空が白みはじめ、まもなく夜は明けようとしている。二人は声を掛け合いながら、夜明けの冷たい海を泳いだ。いつの間にか稲垣二曹の声が聞こえなくなっている。

「海中へとびこんでから十分位、艇から二十米位はなれた頃であったろうと思うが、私はまだ艇の爆破音を聞いていない。その心配が、私に艇へ帰らせようとする衝動をおこさせた。しかしもうそのとき、泳ぎもどるどころか、前へも後へも、泳ぎすすむ元気を消失していた。私の心は、艦艇を完全に爆破していないという自責の懊悩《おうのう》に激しく痛んだ。そして、私の精力は加速度的に抜けていった……」（前掲書）

海岸に打ち上げられて失神していた酒巻少尉が気を取り戻したとき、そこには日系の米軍軍曹が立っていた。こうして酒巻少尉は太平洋戦争の捕虜第一号として米本土の収容所に送られるのである。そして、酒巻少尉がラナイ島と思ったのはオアフ島南東のベロース基地に近い海岸だった。

特殊潜航艇の二人が孤独な戦いをしているころ、もう一人の攻撃隊員が島の住民に絶望的な戦いを挑んでいた。

第二次攻撃隊に加わった「飛龍」戦闘機隊の西開地《にしかいち》重徳《しげのり》一等飛行兵曹は、真珠湾上空で被弾し、プスプス息をつき始めたエンジンを操りながら集合地点にたどり着いたが、すでに味方機の姿はなく、同じく被弾したらしい零戦が一機飛んでいた。母艦にたどりつくことは不可能と判断した西開地は、傷ついた僚機とともに不時着地に指定されているニイハウ島に向かった。ハワイ諸島の最西端にある島で、オアフ島からは二百キロも離れた島である。

ニイハウの上空にたどり着いた西開地は、僚機に不時着を合図したが、その零戦は合図を振り切って真珠湾に戻ろうとしたところで海中に墜落していった。眼下には小さな集落があり、牧草地が広がっている。

西開地一等飛行兵曹の零戦は、尾部を地面に擦りつけるように着地し、二、三度大きくバウンドして頭部を地面に突っ込むようにして不時着した。牧草地に見えた海岸の地上は岩だらけの雑草地だったのだ。西開地は着地と同時に意識を失い、そして数分後に意識を取り戻したときには、屈強な現地住民たちに取り囲まれていた。

住民たちは操縦席から出ようとする西開地に飛びかかり、拳銃をもぎとって引きずり降ろした。さらに飛行服のポケットから地図などの機密書類をすべて取り上げてしまった。このときニイハウの住民たちは、真珠湾が日本軍に攻撃され、アメリカと日本が戦争状態になったことはまだ知らなかった。住民たちは日本のスパイ機だろうと判断したのだ。

原田義雄という日系人が通訳がわりに連れてこられた。やがて夜になり、原田は飛行機の座席に座りつづける西開地に自宅から食べ物を取り寄せて与えた。ここで西開地は原田に今朝からの事情を話し、日本とアメリカが戦争を始めたこと、住民に奪われた品物は軍事機密だからなんとしても奪い返したいことなどを話して、原田の協力を要請した。

こうして西開地と原田の〝機密書類奪還戦争〟が始まった。原田は住民の懐柔策に出たが、彼らは頑として首を振らない。八日が過ぎ、九日を迎えた。そして、ついに投石合戦になり、二人は血だらけになって零戦に追いつめられた。西開地一等飛行兵曹は覚悟を決めた。零戦のガソリンを抜いた西開地は火を放ち、自らも原田から借りた拳銃をこめかみに当てて引き金を引いた。そして後を追うように、原田も拳銃の引き金を引いたという。

こうして日本軍の真珠湾攻撃は、さまざまな形で終わりを告げた。だが、真珠湾攻撃の終章は、太平洋戦争という新たな世界大戦の第一章でもあり、日本の敗戦への道の第一歩でもあった。

米本土に抑留された総領事館員

南雲機動部隊による真珠湾攻撃は終わったが、今や敵国となったここハワイに取り残された人たちがいる。喜多長雄総領事をはじめとする七名の日本総領事館員とその家族たちである。もちろん、あの「スパイ森村正」こと吉川猛夫海軍予備少尉も含まれている。

すでに記したように、吉川はハワイ在留二百十日の間に百七十七通の米艦隊情報を外務省経由で軍令部に送っている。吉川がその百七十七通目の暗号作業を終えて、総領事館と同じ敷地内にある官舎の私室に入ったのは十二月六日の夜九時過ぎであった。早朝から駆けずり回ったため、体はくたくただった。吉川はウイスキーを二、三杯あおってベッドに倒れ込んだ。

「旦那さん、食事ですよ！」

通いのメイドのY嬢の大声で目を覚ました。朝の八時前だった。トーストにコーヒー、ゆで卵、パパイアという相変わらずのメニューだった。吉川はパパイアを一さじ二さじ口に運んだ。そのとき、ズズーンという腹に響く重い衝撃音を聞いた。地震かな？　と思った。衝撃音は二度、三度と続く。そして新たに爆発音が加わり、さらに激しい砲声も轟《とどろ》いてきた。

演習かな？　と思いながら、吉川は外に出て米軍基地のある真珠湾の方角に目をやった。真珠湾の上空はもうもうたる黒煙におおわれていた。吉川は淡い朝霧をかすめて東から西へ飛ぶ飛行機を見た。翼下に日の丸が描かれていたように思えた。

吉川は回想記『東の風、雨』に書いている。

——日本機だ、戦争にまちがいない。急を喜多さんに告げようと、広い庭を横切って官邸へ走った。ちょうどそこへ喜多さんが出て来た。

「総領事、戦争です」

「間違いないかね」

「間違いありません。暗号の処理を」

「月川君（電信主任）を呼びにやってくれ。……森村君、とうとうやったね。さっき、ラジオで〝東の風、雨〟の隠語情報を聞いた。雑音で判りにくかったが、たしかに聞いたよ」

「あれが、日本機かね、おお、やっとる、やっとる。凄い煙だね……演習に非《あら》ず、軍人は早く持ち場に帰れ、という放送員の声がふるえていたよ。……」

二人は空を仰いで、日本軍の攻撃ぶりに声援を送った。そして、喜多さんは、目に涙を浮かべて、ふと私の手を握りしめて、

「森村君、とうとうやったね」

「やりました、やりました」

私は、天を仰いだまま涙を流しながら、総領事の手を固く握りしめていた――

吉川少尉と喜多総領事の会話にある「東の風、雨」という隠語情報とは、日本政府が在外公館に発した最後通告、すなわち日米交渉は決裂して戦争に突入するという意味の暗号のことである。

日本が対米英戦争を決意し、真珠湾を攻撃する南雲機動部隊が集結地の単冠湾（択捉島）に向かっていた昭和十六年十一月十九日、日本の外務省は在外公館に対し、俗に「ウィンド・メッセージ」（風のたより）と呼ばれている隠語放送のマニュアルを発令していた。それは、日本が戦争状態に突入するにあたって、万が一にも国際通信組織が使えないような事態になった場合、在外公館などへの伝達手段として海外向けの日本語短波放送を使おうというものである。すなわち、ラジオ放送の途中と最後に「天気予報」として次の〝予報〟を挿入するというのだ。

東の風、雨……日米関係が危険な状態になった場合。

西の風、晴……日英関係が危険な状態になった場合。

北の風、曇……日ソ関係が危険な状態になった場合。

すでに外務省は、大本営陸軍部が隷下の部隊に「南方要域の攻略命令」を下した十一月十五日に、アメリカ、メキシコ、ブラジル、アルゼンチンなどアメリカ大陸の在外日本公館に、万一の場合の暗号機の処分の順序と方法を指示していたから、十一月十九日の〝風のたより〟を受信、解読したとき、公館の担当者たちは誰もが「いよいよ危機近し」を意識せずにはいられなかった。

この日以来、各国の日本公館では日本からの短波放送を聞き漏らすまいと二十四時間態勢でラジオにかじりついていた。駐米日本大使館の海軍武官室には精巧な無線用受信機が備えつけられ、「書記」になりすましている海軍電信下士官が全身を耳にしていた。そして人員の少ないハワイの日本総領事館では、喜多総領事が自らラジオにかじりついていたのである。

もちろん日本の外交暗号を解読している米陸海軍の通信諜報班も、これらの暗号は解読していた。十一月十五日の暗号機処分に関する日本外務省電は十一月二十五日に解読しており、ウインド・メッセージは二十八日に解読していた。そして、米陸海軍の通信傍受所は、この日本語短波放送をとくに警戒するよう命令されていた。それなのに、米政府と陸海軍の首脳部はハワイをはじめとする隷下の部隊になぜ戦争の危険を知らせなかったのだろうか……。日米開戦に関する「ルーズベルト大統領の陰謀」説が、今なお囁《ささや》かれている根拠の一つがここにもある。しかし、真相はいまだ謎のままである。

喜多と吉川は総領事館に戻った。そして吉川は駆けつけた電信主任の月川左門と二人で暗号室に入り、鍵を閉めて暗号書の焼却を始めた。暗号書を引き裂き、大きな金盥《かなだらい》の中で焼くのだが、気が急《せ》いてるせいかいやに時間がかかるように思えてならなかった。

そのとき、暗号室のドアが激しく叩かれ、「開けろ！」と怒鳴る声がした。警官だという。暗号書はまだ完全に燃え尽きていない。

「ダメだ！」

二人は怒鳴り返した。

当時、総領事館の官舎前のクアキニ通りにポルトガル人一家が住んでいた。実はこのポルトガル人一家はＦＢＩのスパイで、日本の総領事館を監視するのが役目だった。この日、日本軍機が真珠湾一帯を攻撃しているとき、日本総領事館から煙が出ているのを発見した。ポルトガル人は「発煙信号に違いない」と思い、ただちにＦＢＩ事務所に電話したのだった。

暗号室の前では「開けろ！」「ダメだ！」の押し問答が続いたあと、警官たちは五、六人が一緒になってドアに体当たりを食らわせた。ドアはバリーンという轟音《ごうおん》を発して破れた。ＦＢＩの捜査官と警官たちは手に手に拳銃や小銃をかざして暗号室に乱入した。

「ホールド・アップ！」

警官たちは二人に銃を突きつけて怒鳴った。吉川と月川は両手を上げて成り行きを見守った。ＦＢＩらしい警官を指揮している私服が、盥の中でくすぶっているのが暗号書らしいと気づき、

対日宣戦に署名するルーズベルト大統領。

足でもみ消して燃え残りを探しはじめた。

その隙《すき》に、吉川はドアをすり抜けて総領事館の庭に出た。真珠湾の上空はまだ黒煙におおわれていた。

この吉川が去ってから間もなく、ホールド・アップ状態の月川は身体検査のためにパンツ一枚にされた。腹に巻き付けて隠し持っていた二冊の暗号書がポロリと落ちた。ＦＢＩの男が素早く拾い上げ、パラパラめくるとニッと笑みを浮かべた。そして警官たちを顎《あご》でしゃくり、意気揚々《いきようよう》と引き揚げていった。

　午前九時半を過ぎると、日本機が去ったのか真珠湾上空は静かになった。しかし、アメリカ官憲から高度な暗号書を強奪されてしまった総領事館は、茫然《ぼうぜん》自失《じしつ》の状態におかれていた。加えて総領事館の入口には小銃の筒先を館内に向けた五、六名の警官が張り付き、封鎖状態にされてしまった。喜多総領事以下七名の男子スタッフは館内に軟禁され、家族もそれぞれの官舎に軟禁された。

行動の自由を奪われた軟禁生活は、年が替わった一九四二年の正月になっても解けなかった。ところが二月八日の夜、喜多総領事以下二十三名の総領事館員と家族は突然七台の車に分乗させられて真珠湾に運ばれ、その夜のうちに駆潜艇でアメリカ本土に送られることになった。

四日後、総領事館員一行を乗せた駆潜艇は西海岸のサンペドロ港に入港した。そこで一行は国務省派遣の役人に付き添われて列車に乗り換えた。列車は二昼夜の旅ののち、砂漠のど真ん中の仮停車場に停まった。一行が抑留生活を送ることになるアリゾナ州タクソン市郊外の牧場である。

総領事館員たちに与えられた宿舎はコンクリート造りの平屋建てで、別荘ふうの建物だった。周囲に民家はまったく見あたらず、広大な牧場には女主人と牧場管理人夫妻、従業員の黒人夫婦のほかは、サンペドロから付き添っている役人と警備隊員が五、六名いるだけだった。

この牧場での抑留生活は六月初めまで四カ月近く続いた。その後一行はニューヨークに移され、ハドソン河に碇泊している第一次交換船「グリップスホルム」号（スウェーデン籍）で帰国の途についたのだった。

あとがき

真珠湾を忘れるな、アメリカよ、油断するな――ハワイ真珠湾にあるアリゾナ記念館（USS Arizona Memorial・国営）では、日米開戦の劈頭《へきとう》、日本軍の真珠湾攻撃を記念して毎年「十二月七日の追悼式典」（December 7th Observance）を行っている。式典には真珠湾生存者協会、艦隊予備役協会、傷痍軍人会《しょういぐんじんかい》、米国在郷軍人会など十数の団体が参列する。

私は一九九〇年十二月七日（日本時間八日）に行われた四十九回目の記念式典に参加したことがある。実は、その数日前からアリゾナ記念館資料室に取材で訪ねていたところ、担当官から「式典に参加したら……」と勧められたからだった。

その日の朝も、日本軍が奇襲した昭和十六年（一九四一年）の朝と同じく真珠湾は天候に恵まれ、早暁の朝靄《あさもや》が晴れた湾岸一帯には朝の陽がさんさんと降りそそぎはじめていた。その朝日を浴びながら、真珠湾に浮かぶフォード島の対岸にある国立公園内のアリゾナ記念館には、人々が次々とつめかけていた。オープンシャツに半ズボン姿のラフな恰好の人々に交じって、陸軍

沈没した「アリゾナ」をまたぐ形で造られたアリゾナ・メモリアル。

や海軍の制服に身をつつんだ人、私服の胸にずらり勲章をつけた人、松葉杖に身を委《ゆだ》ねた人の姿もある。日本人らしき姿はほとんどない。

私は、それら多くのアメリカ人に交じって朝露に濡れた公園の芝生の中にいた。対岸のフォード島の岸辺に沈む戦艦「アリゾナ」を保存する純白の記念館が、朝日にまぶしい。日本でいうならさしずめ広島や長崎の原爆の日の慰霊式典に相当するのだろうか。式典参列者の大半は「日本の騙《だま》し討《う》ち」を思い浮かべ、肉親や戦友の死に、怒りと悲しみを新たにして会場へ足を運んできたに違いない……。そう思うと、戦争を知らない世代でありながら、私は攻撃側の日本人であるということだけで、なぜか身

アリゾナ・メモリアル。

の縮む思いにとらわれていた。

午前七時四十分、式典は米陸・海・空・海兵四軍旗の入場に続き、アリゾナ記念館監督官（館長）の開会の辞で始められた。それは、四十九年前のこの日、日本海軍の六隻の空母から発進した百八十三機の第一次攻撃隊が真珠湾のあるオアフ島北端のカフク岬を視界にとらえ、総指揮官・淵田美津雄中佐（空母「赤城」飛行隊長）が全機に展開を命じる信号拳銃を発射した時刻と同時刻である。

午前七時四十五分、式典会場では米海軍の従軍牧師による祈禱《きとう》が始められる。ここで私は、式典が日本軍の攻撃手順に合わせて進行されているのに気がついた。記録によれば、淵田中佐が電信員に「全軍突撃せ

アリゾナ記念館に向かって21発の弔砲を撃つ海兵隊儀仗兵。

よ!」を意味するト連送の電鍵をたたかせたのが七時四十九分。そして「我、奇襲に成功せり」の暗号電「トラ・トラ・トラ」を発信したのが七時五十二分だった。牧師の祈禱の真っ最中にあたる。午前七時五十五分、式典会場は一分間の黙禱《もくとう》に入った。日本軍の急降下爆撃隊がヒッカム及びホイラー飛行場に第一発目の爆弾を投下した時刻だ。

　黙禱が終わる。突然ジェット機の編隊爆音が近付き、かつて日本軍の攻撃で沈没したり大破した戦艦群が碇泊していたフォード島の上空を旋回飛行する。時を同じくして湾の北東から一隻の駆逐艦が静かに入ってきた。甲板の左右には真っ白い制服に身を包んだ乗組員が、挙手の姿勢で一列に並んでいる。駆逐艦は、日本の雷撃隊が米戦艦群に向かって魚雷攻撃を開始した七時五十七分、いまだ海底に眠る「アリゾナ」の傍らを無言のうち

甲板に白い制服で並び、アリゾナ記念館に挙手の礼をする米艦の乗組員。

に通過した。式典会場では捧銃《ささげつつ》をした七名の海兵隊儀仗兵が海辺に向かう。指揮官の号令が短く飛ぶ。サッと中空に構えた七人の小銃が一斉に火を吹く。一回、二回、三回、二十一発の弔砲が朝の真珠湾に乾いた音を残し、追悼式典の公式行事は終了した。

日本の真珠湾攻撃で被害を受けた米太平洋艦隊の艦艇は大小合わせて十七隻に及んだ。このうち旗艦「ペンシルバニア」を初めとする八隻の戦艦はすべて攻撃を受け沈没、あるいは大破という壊滅的損害をこうむった。しかし、被害がはなはだしい「アリゾナ」と「オクラホマ」を除く戦艦はその後、艦船修理隊によって引き上げられ、修理・改造されて現役に復帰した。「オクラホマ」は引き上げられてスクラップ化されたが、火薬庫が爆発して船体が真っぷたつになった「アリゾナ」は、現在も記念艦として沈んだまま沈没地点に保存されている。

運命の十二月七日の朝、「アリゾナ」に乗り組んでいた艦員は千四百六十六人。そして凄《すさ》まじい爆発と火災で生き残った者は、わずか二百八十九人にすぎなかった。残る千百七十七人は艦と運命をともにしている。日米開戦後、これら戦死者の遺体収容作業が行われたが、収容されたのは七十五人だけで、残り千百二人の遺体は「アリゾナ」を永遠の墓場として今も真珠湾に眠っている。

「十二月七日の追悼式」に参列した人々は、記念館の係官から一輪の献花と「アリゾナ」の戦死者名（一名）が書かれた小さな紙片をもらい、ランチに乗ってアリゾナ記念廟へ向かう。乗船前は陽気な話し声も聞かれたが、船が記念廟に近づくにしたがい、沈痛な表情と沈黙が船内を覆いはじめた。

フォード島の岸壁に沿って建つ純白の記念廟は、永遠に眠る「アリゾナ」を跨《また》ぐ恰好《かっこう》で作られ、二・一メートル下に沈む巨艦の艦首から艦尾にいたるまではっきり見えるように設計されている。

赤サビた艦体の間を泳ぎ回る小魚に交じって、時折プクッ、プクッと波紋が広がる。艦内に残る油類がいまだに流れ出しているのだという。その油紋を目掛けるかのように、人々は追悼式で渡された一輪の花を一つ、二つと落としていた。見学の若い兵士たちは不動の姿勢で挙手をし、花と紙片を艦上に落としている。死者の名前が書かれた紙片は陽光に反射しながらヒラヒラと海面に舞い降り、献花に寄り添うようにしてゆっくりと流れていく。四十九年前の悲劇を噛みしめるように……。

本書は一九九一年にフットワーク出版社から刊行されたものに加筆したものです。最後になりましたが、本書中にご登場いただいた元攻撃隊隊員の皆様と、当時、取材に当たって下さった森山康平氏、今は亡き栗崎豊氏に心より感謝いたします。また、日本軍が真珠湾を奇襲攻撃して八十年目の本年、本書を復刊して下さったビジネス社の皆様にも心より感謝を申し上げます。

令和三年（二〇二一年）十月

著者

【著者略歴】
平塚柾緒（ひらつか・まさお）
1937年、茨城県生まれ。戦史研究家。取材・執筆グループ「太平洋戦争研究会」を主宰し、これまでに数多くの従軍経験者への取材を続けてきた。主な著書に『東京裁判の全貌』『二・二六事件』（以上、河出文庫）、『図説・東京裁判』『図説・山本五十六』（河出書房新社）、『玉砕の島々』『見捨てられた戦場』（洋泉社）、『証言　我ラ斯ク戦ヘリ』『太平洋戦争大全〔海空戦編〕〔陸上戦編〕』『太平洋戦争裏面史　日米諜報戦』『八月十五日の真実』（以上、ビジネス社）、『写真で見るペリリューの戦い』（山川出版社）、『玉砕の島ペリリュー』（PHP）など多数。

【写真提供＆主要出典】
U.S.Navy Photo　U.S.Army Photo　U.S.Marine Corps Photo
U.S.Air Force Photo
アリゾナ記念館 オーストラリア戦争博物館「写真週報」（内閣情報局）
「大東亜戦争海軍作戦寫眞記録」Ⅰ・Ⅱ（大本営海軍報道部）
「歴史寫眞」（歴史写真会）「國際寫眞情報」（国際情報社）
「世界画報」（国際情報社）　近現代フォトライブラリー

我、奇襲ニ成功セリ

2021年12月10日　第1刷発行

著　者　平塚 柾緒
発行者　唐津　隆
発行所　株式会社ビジネス社
〒162－0805　東京都新宿区矢来町114番地
神楽坂高橋ビル5F
電話　03－5227－1602　FAX 03－5227－1603
URL　http://www.business-sha.co.jp/

〈装幀〉大谷昌稔
〈本文組版〉茂呂田剛（エムアンドケイ）
〈印刷・製本〉モリモト印刷株式会社
〈営業担当〉山口健志
〈編集担当〉本田朋子

ISBN978-4-8284-2350-0

ビジネス社の本

太平洋戦争大全【海空戦編】

定価2750円（税込）
ISBN978-4-8284-2039-4

太平洋戦争研究会
平塚柾緒
……著

激闘の海を制した
連合艦隊の栄光と終焉の記録

「空」と「海」を多数の写真と地図で
まとめた永久保存版！

本書の内容

第1部 快進撃の第一段作戦
開戦初期の日本軍快進撃を支えた
空海のベテラン隊員たち

第2部 戦局の転回点
南太平洋を血に染めた日本海軍対連合国海軍の死闘

第3部 ガダルカナルの戦い
飢餓の島「ガ島」をめぐる海の大激戦

第4部 開始された米艦隊の大反攻
逆転した戦局、圧倒的物量で進攻する連合国軍

第5部 連合艦隊の最期
一億総決起、本土に迫り来る
連合国軍を阻止する悲壮な戦い